ADAC
Reiseführer

Sardinien

Von Nana Claudia Nenzel

Intro

Unterwegs

Sassari und der Nordwesten – Korallenküste und Karsthöhlen 61

Die Gallura und der Nordosten – modelliert von Wind und Wellen 87

Barbágia und Supramonte – wildromantisches Bergland 107

Sardinien Kaleidoskop

Karten und Pläne

Service

Sardinien Impressionen

Herbe Inselschönheit mit vielen Gesichtern

Sardinien – der Name weckt Vorstellungen von wilder Schönheit, von felsgesprenkelten Sandstränden an klarem Wasser und sonnendurchglühten Fischerdörfern. Tatsächlich werden hier viele Träume wahr – die Mittelmeerinsel bietet das alles und noch eine Menge mehr.

Nach Sizilien ist Sardinien die **zweitgrößte Insel** Italiens und des gesamten Mittelmeeres, 23 813 km² groß, mit den vorgelagerten Eilanden sogar 24 089 km². Auf einer Länge von 280 km und einer Breite von 145 km findet man eine schier unglaublich **vielfältige Landschaft**. Berge, Felsküsten, Wiesen, Laubwälder, Täler und Hochebenen sowie rund 1800 km Küste mit Stränden, Buchten und Fjorden brachten die Sarden auf den Gedanken, ihre Insel als einen eigenen Kontinent zu bezeichnen. Man erzählt sich, als Gott die Erde erschaffen hatte, habe er von jedem Teil der Welt noch einige Steine, Erde, Blumen, Büsche und Bäume übrig gehabt. Aus diesen habe er Sardinien geformt, ein wunderschönes Flickwerk, nicht nur vor den Augen des Herrn.

Gigantengräber und Feenhäuser, doch keine märchenhafte Vergangenheit

Auf der Insel siedelten schon früh Menschen, von denen das Volk der **Nuraghen** (2000–600 v. Chr.) die ungewöhnlichsten Spuren hinterließ. Die Zeugen ihrer Kultur sind einzigartig. Überall auf Sardinien erheben sich gewaltige, bis zu 20 m hohe konische Steintürme, mehr als 7000 solcher ebenfalls *Nuraghen* genannten Bauwerke wurden gezählt. Nicht alle haben freilich die Zeit so gut überdauert wie z. B. der *Nuraghe Su Nuraxi* von Barumini nördlich der Inselhauptstadt Cagliari. Wahrlich riesig wirken auch die oft vornuraghischen Steinsetzungen, wie sie in großer Anzahl in der Gallura, vor allem um das Städtchen *Arzachena*, zu finden sind. Nicht umsonst werden sie im Volksmund **Tombe dei Giganti**, ›Gigantengräber‹, genannt. Um die gangartigen Sippengräber ranken sich allerlei Geheimnisse und nicht wenige Inselbewohner vermuten eine heilsame Wirkung auf See-

Oben: *Farbenprächtige Trachten sieht man bei Wallfahrten, etwa der Sagra di Sant'Efisio im Mai von Cagliari nach Pula*
Rechts oben: *Campanile und Fassade der Cattedrale Santa Maria di Castello (13. Jh.) in Cagliari wurden romanisch rekonstruiert*
Rechts: *Makellos ist die Cala di Volpe südlich von Porto Cervo an der Costa Smeralda*

le und Körper. Eindrucksvoll sind schließlich auch die **Domus de Janas**, so genannte Feenhäuser. Es handelt sich um in Felsen geschlagene Grabstätten, die aus mehreren Kammern bestehen können und besonders eindrucksvoll in der Gegend um *Macomer* zu besichtigen sind.

Spätere Eroberer hinterließen ebenfalls ihre Spuren, **Phönizier** (600–200 v. Chr.) und *Römer* (238 v. Chr.–300 n. Chr.) etwa in Gestalt der ausgedehnten Ruinenstadt *Nora*. Deren Mosaikböden, Prachtstraße, Tempelreste und nicht zuletzt die ausgedehnten Hafenanlagen beeindru-

cken Besucher noch heute. Einen in gewisser Weise bleibenderen Eindruck hinterließ **Aragón-Katalonien** (14.–18. Jh.). Noch heute gilt *Alghero* an der Nordwestküste Sardiniens als die katalanischste Stadt außerhalb Spaniens, was nicht nur an den prächtigen Palästen aus der damaligen Zeit liegt. Große Teile der Stadtbevölkerung sprechen noch heute mit Stolz einen katalanischen Dialekt. Sogar die hübschen Straßenschilder aus bunter Keramik sind zweisprachig beschriftet.

Auf die Spanier geht übrigens auch die heutige Form des sardischen **Wappens** zurück, dessen Anfänge sich im Dunkeln verlieren. Es zeigt auf weißem Grund vier schwarze Kopfsilhouetten, die durch ein rotes Kreuz voneinander getrennt sind. Die ›Mohrenköpfe‹ wurden ursprünglich mit Stirnbändern abgebildet. Zu Beginn des 14. Jh. aber erscheinen diese in den Gesichtern der Schwarzen und wurden so zu Augenbinden. Unklar bleibt, ob es sich bei dem ›Ausrutscher‹ um einen Kopierfehler oder um politische Absicht handelte. Die sardische Autonomiebewegung führt das Wappen jedenfalls mit über der Stirn getragener Binde und offenen Augen.

Mit allen Sinnen genießen

Sardinia, wie die Sarden ihre Heimatinsel (italienisch *Sardegna*) nennen, bezaubert ihre Gäste bereits bei der Ankunft mit einem unvergleichlichen Duft von Rosmarin, Thymian und Oleander. Ob man mit dem Flugzeug in *Cagliari* oder der Fähre in *Olbia* ankommt, der inselspezifische

Links oben: *Was von den Römern übrig blieb – Ruinen der Hafenstadt Tharros*
Links: *Da bissen Feinde auf Granit: 3000 Jahre alter Nuraghe Losa bei Abbasanta*
Links unten: *Typisch pisanisch ist das muntere Schwarz-Weiß der Landkirche Santissima Trinità di Saccárgia bei Ardara*
Oben: *In den Tälern des Supramonte di Oliena gedeiht vorzüglicher Wein*
Unten: *Bunte Unterwasserattraktionen gibt es vor den Küsten Sardiniens zu entdecken*

Geruch entfaltet sich noch intensiver auf der Weiterfahrt. Beispielsweise an die kilometerlangen, feinsandigen Strände der **Costa Rej** im Südosten, einer wahrhaft ›königlichen Küste‹. Ihr Gegenstück im Westen, die **Costa Verde**, kann mit meterhohen Sanddünen aufwarten. Eine Bucht für jeden Geschmack und glasklares Meer bietet die als Urlaubsort der Reichen und Schönen berühmt gewordene **Costa Smeralda** im Nordosten. Auch der vorgelagerte Archipel von **La Maddalena** zeichnet sich durch saubere Strände und fantastische *Tauchgründe* aus. Schwimmer und Taucher, Surfer und Segler kommen hier absolut auf ihre Kosten, die zahlreichen **Sporthäfen** der Region wie Porto Cervo oder Santa Teresa di Gallura sind modern und mit allem Komfort ausgestattet.

Das **leibliche Wohl** kommt bei einem Sardinienurlaub ebenfalls garantiert nicht zu kurz. Mit Olivenöl und frischen Kräutern zaubern die Inselköche aus Fisch oder Meerestieren, Wildschwein, Lamm oder Zicklein köstliche Delikatessen. Genauso empfehlenswert sind hausgemachte **Teigwaren**, etwa mit Ricotta gefüllte Ravioli. Unbedingt probieren sollte man eine der vielen sardischen **Brotspezialitäten**, z.B. das *Pan carasau* oder *carasatu*, italienisch *Carta di musica*, also ›Notenpapier‹, ein hauchdünnes, knackiges Hirtenbrot. Es wird frisch oder heiß aufgebacken, mit Rosmarin und Olivenöl gewürzt, serviert. *Pecorino*, der typische **Schafskäse**, und ein süffiger *Cannonau*, **Rotwein** von der Insel, runden ein typisches Mahl ab.

Farbenpracht der Natur

Von dunklem Rost- bis leuchtendem Hellrot changieren die schroffen *Porphyrklippen* von **Arbatax** im Sonnenlicht. Nördlich davon liegt die herbschöne **Gallura** mit ihrem charakteristischen graurosafarbenen Granit. Wind und Wetter schliffen die Kanten ab und formten aus dem harten Stein Bären und Elefanten, oder was immer die menschliche Fantasie in den Felsformationen zu erkennen glaubt.

Ganz anders ist das tiefgrüne Inselinnere geartet, das beispielsweise in der **Barbágia** von dunklen Macchiawäldern mit hohen Stein- oder Flaumeichen geprägt ist. Im Gegensatz dazu bietet das karge, kalkweiße Gebirge des **Supramonte** lediglich Schaf- und Ziegenherden magere Weiden. Das Leben der Hirten dort war entbehrungsreich, der Zusammenhalt der Großfamilie überlebenswichtig. Häufig standen jedoch die Ansprüche der wechselnden Fremdherrscher im Gegensatz zur Tradition. In dieser verzweifelten Situation gerieten die sardischen Hirten oft mit dem Gesetz in Konflikt, worauf sich ihr schlechter Ruf als Banditen gründete. Heute versteht man die Gründe besser, weist auf Jahrhunderte der Unterdrückung durch Römer, Spanier, Österreicher und schließlich Italiener hin. Diese Seite der Geschichte erzählen die **Murales**, großflächige Wandbilder, in vielen Dörfern der Insel. *Orgosolo* beispielsweise ist für seine politischen Graffiti bekannt. Doch mittlerweile sorgt der Tourismus in den Bergen des Inselinneren für Aufschwung. Besonders beliebt sind **Fuß-** oder **Radwanderungen** durch Hochtäler und Bergwälder, in denen man mit etwas Glück Wildschweine oder Wildpferde beobachten kann.

Links oben: *Morgens wandern, nachmittags baden – bei Cala Gonone ist's möglich*
Links Mitte: *Den Freiheitskampf der Sarden stellen die Murales oft plakativ dar*
Links unten: *Die bewaldeten Berge des Gennargentu rahmen Aritzo wie ein Juwel*
Oben: *Die Bucht ist ideal, aber ein Liegeplatz im schönen Porto Cervo ist nicht billig*
Rechts: *Mit Romantik hat der Alltag der Hirten im sardischen Bergland wenig zu tun*

Erdgebunden und himmelwärts

Tausende von Grotten haben sich in den karstigen Felsformationen der Insel gebildet. Sieben **Tropfsteinhöhlen** stehen Touristen zur Besichtigung offen. Die vielleicht schönste ist die *Grotta Is Zuddas* bei Santadi mit ihren von Mineralien bunt gefärbten Wänden. Dort hängen die Stalaktiten nicht einfach wie dicke Eiszapfen nach unten, sondern lösen sich in zarteste Kristallgebilde auf, die in alle Himmelsrichtungen zeigen. Dafür kann die *Grotta di Ispinigoli* bei Dorgali mit einem 38 m hohen Stalagmiten aufwarten, dem höchsten in Europa.

Vor allem in der nordlichen Inselhälfte lockt eine unglaubliche Anzahl von **Kirchen** und **Kapellen**. Ihre schwarz-weißen Querstreifen kennzeichnen viele als pisanisch, etwa die Basilika *Santissima Trinità di Saccárgia*. Doch auch schlichtere romanische, gotisch-katalanische und barocke Gotteshäuser kann man bewundern – eine schier unerschöpfliche Fundgrube für Kulturreisende.

Der Reiseführer

Dieser Band stellt das abwechslungsreiche Sardinien in **fünf Kapiteln** vor. Die Autorin beschreibt landschaftliche Schönheiten und historische Sehenswürdigkeiten der Insel und ihrer vorgelagerten Eilande. Die **Top Tipps** geben Empfehlungen zu herausragenden Sehenswürdigkeiten, Hotels und Restaurants. Den Besichtigungspunkten sind jeweils **Praktische Hinweise** mit Informationsbüros sowie persönlich ausgewählten Hotel- und Restaurantempfehlungen angefügt. **Kurzessays** über inselspezifische Themen runden den Reiseführer ab. **Übersichtskarten** und **Stadtpläne** erleichtern die Orientierung. **Sardinien aktuell A bis Z** bietet, alphabetisch geordnet, nützliche Informationen, die von den Reisevorbereitungen über Essen und Trinken bis zu Verkehrsmitteln reichen. Hinzu kommt ein umfassender **Sprachführer**.

Geschichte, Kunst, Kultur im Überblick

Nuragher, Phönizier, Römer und Katalanen – vom ›Land der Barbaren‹ zum Urlaubsparadies

180 000–120 000 v. Chr. Steinwerkzeug, das man bei Perfugas gefunden hat, bezeugt, dass die Insel bereits in der Altsteinzeit besiedelt war. Die ersten Bewohner sollen über eine Landbrücke zwischen Elba, Korsika und Sardinien gekommen sein.

25 000–20 000 v. Chr. Die ersten gesicherten menschlichen Spuren, u. a. das Stück eines Unterkiefers, stammen aus der Grotta Corbeddu bei Oliena.

6000–2700 v. Chr. Rund um den erloschenen Vulkan Monte Arci wird in der Jungsteinzeit Obsidian abgebaut. Die Bewohner stellen Werkzeuge und Waffen her und exportieren das schwarze vulkanische Gestein ins westliche Mittelmeer. Außerdem betreiben sie Landwirtschaft und Viehzucht. Kunstvoll mit Spiralmustern verzierte Keramik sowie weibliche Idole aus Kalkstein belegen die kulturelle Blüte in der späten Jungsteinzeit (ab 3400 v. Chr.). Nach dem bedeutendsten Fundort, der Grotta San Michele bei Ozieri, nennt man diese Epoche auch Ozierikultur. Zeitgleich entstehen auf der ganzen Insel z. T. gewaltige Grabanlagen in Felswänden, die so genannten ›Domus de Janas‹ (Feenhäuser).

2700–1800 v. Chr. Waffen und Werkzeuge aus Kupfer leiten die sardische (sonst seltene) Kupferzeit ein.

ab 1800 v. Chr. Mit Beginn der Bronzezeit entwickelt sich auf Sardinien die eigenständige Nuraghenkultur. Hinterlassenschaften dieser Epoche sind die Nuraghen genannten konischen Festungstürme, die bis zu 20 m hoch aufragten. Noch heute findet man Reste von 7000 dieser Wehrbauten über die ganze Insel verteilt. Daneben erbauen die Nuragher gewaltige Grabanlagen, die ›Tombe dei Giganti‹ (Riesengräber), in denen mehr als 100 Tote bestattet werden konnten.

um 1000 v. Chr. Phönizier errichten erste Handelsstützpunkte entlang der Küste. Die Nuragher werden ins Inselinnere gedrängt, der allmähliche Niedergang ihrer Kultur beginnt. Im Südwesten der Insel entstehen schon bald bedeutende phönizische Hafenstädte, Sulki (Sant' Antioco), Karali (Cagliari) sowie die beiden heute nicht mehr besiedelten Orte Tharros und Nora.

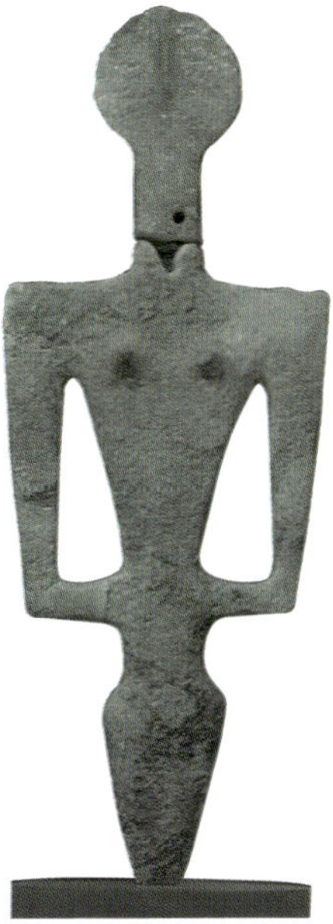

Geradezu modern wirkt das jungsteinzeitliche Idol in seinen reduzierten Formen

ab 550 v. Chr. Karthager erobern und kolonisieren die Insel. Sie befestigen besonders die Bergbaugebiete und fruchtbaren Küstenebenen des Südwestens.

238 v. Chr. Während eines Söldneraufstandes auf Sardinien holen die Karthager Rom zu Hilfe, das die Insel kurzerhand annektiert.

◁ *Coddu Vecchio bei Arzachena zeigt deutlich den Aufbau eines Gigantengrabes*

Gegen Ende seines Lebens fiel der einst mächtige Belisar (500–565) in Ungnade ▷

228/227 v. Chr. Sardinien wird römische Provinz. Die neuen Herrscher verbessern die Infrastruktur, legen Straßen an, gründen Städte wie Forum Traiani (Fordongiánus) und bauen bereits bestehende Siedlungen wie Carales (Cagliari) oder Turris Libisonis (Porto Tórres) aus. Rom teilt die Insel in ausgedehnte Latifundien ein, auf denen Sarden als Leibeigene der römischen Großgrundbesitzer arbeiten müssen.

218–201 v. Chr. Im Zweiten Punischen Krieg schlagen sich die Sarden auf die Seite ihrer einstigen Kolonialmacht Karthago, unterliegen aber in der ›Schlacht von Cornus‹ den Römern.

177 v. Chr. Unter Tiberius Gracchus werden rund 80 000 Sarden, fast ein Viertel der damaligen Inselbevölkerung, auf das italische Festland in die Sklaverei verschleppt.

46 v. Chr. Caesar verleiht Carales als erster Siedlung auf Sardinien das römische Stadtrecht und damit die Erlaubnis zur Selbstverwaltung.

284–305 Die Christenverfolgungen unter Kaiser Diokletian erreichen Sardinien. Die damals getöteten Märtyrer Gavinus, Lussurius, Simplicius, Efisius und Saturnus werden heute auf der Insel als Heilige verehrt.

5. Jh. Vandalen unter Geiserich dominieren mit ihren Flotten das westliche Mittelmeer und beenden die römische Herrschaft auf Sardinien.

534 Im Zuge der Rückeroberung ehemaliger Gebiete Westroms verdrängt der byzantinische Feldherr Belisar die Vandalen aus Sardinien und gliedert die Insel ins Oströmische Reich ein. Ein von Byzanz in Cagliari eingesetzter Richter wird Statthalter, das Hauptquartier mit einem Militärführer jedoch befindet sich in Forum Traiani (Fordongiánus). Die Ausbeutung der Bevölkerung durch hohe Steuern wird fortgesetzt.

ab 704 Arabische Piraten verwüsten in fortgesetzten Überfällen Siedlungen und Agrarland vor allem im Südwesten der Insel. Küstenorte werden verlassen, die Bewohner flüchten ins Landesinnere.

900–1000 Nachdem Byzanz seinen Einfluss auf Sardinien weitgehend verloren hat, wird die Insel in die vier Judikate Arborea, Cagliari, Gallura und Tórres aufgeteilt. An ihrer Spitze steht jeweils ein Richter. Anfangs werden diese von Großgrundbesitzern, freien Bauern und dem Klerus gewählt, später wird das Amt vererbt. Die Judikate treiben Handel mit den italienischen Stadtrepubliken, doch ein Großteil der Bevölkerung fristet sein Dasein als Landsklaven.

1015/16 Auf Veranlassung von Papst Benedikt VIII. entsenden die Stadtrepubliken Genua und Pisa eine gemeinsame Flotte, um den islamischen Kalifen Mughabid zu bekämpfen, der sich auf Sardinien festgesetzt hat. Die beiden Seemächte ›befreien‹ die Insel, entwickeln aber ihrerseits ein starkes Interesse an der Region und teilen sie unter sich auf. In der Folge wird der Süden von Pisa beherrscht, der Norden von Genua. Mönche verschiedener Orden errichten Klöster und Kirchen und machen das Land urbar. Eine Zeit wirtschaftlicher und kultureller Blüte beginnt.

1112 Bau der Landkirche Santissima Trinità di Saccárgia im romanisch-pisanischen Stil.

1297 Um die beständigen Machtkämpfe zwischen Pisanern und Genuesen zu beenden, ernennt Papst Bonifatius VIII. König Jaume II. von Aragón-Katalonien zum Lehnsherrn über das neu geschaffene Königreich Sardinien und Korsika.

1323 Der Richter von Arborea bittet Aragón um Hilfe im Kampf gegen Pisa, das nach zweijähriger Belagerung Cagliaris aufgibt. Immer wieder aufflackernde Aufstände werden blutig niedergeschlagen. Sardinien erhält einen aragonesischen Vizekönig. Wichtige Posten besetzt man ausschließlich mit Spaniern, die zahlreich auf die Insel strömen, Sarden werden fast vollständig aus dem öffentlichen Leben verdrängt. In Alghero tauscht

Im 14./15. Jh. bündelt Eleonora d'Arborea geschickt sardische Autonomiebestrebungen

man die sardische Bevölkerung regelrecht gegen Katalanen aus. Das Judikat Arborea kämpft Ende des 14. Jh. für die Freiheit der Insel.

1395 Eleonora d'Arborea, bereits 1383 zur Richterin des Judikats Arborea ernannt, erlässt die ›Carta de Logu‹, ein in sardischer Sprache verfasstes Straf- und Zivilgesetzbuch, das offiziell bis 1827 in Kraft bleibt.

1404 Eleonora d'Arborea, die bis heute auf ganz Sardinien als Nationalheldin verehrt wird, stirbt an der Pest. Mit ihrem Tod ist der Kampf um Unabhängigkeit schon fast verloren.

1409 Nach der Schlacht von Sanluri wird das Judikat Arborea aufgelöst, Aragón beherrscht nun die gesamte Insel.

1479 Ferdinand II. von Aragón heiratet Isabel von Kastilien, ihre beiden Reiche werden zum Königreich Spanien vereint. Auf Sardinien treiben die spanischen Feudalherren mit Repressalien und Ausbeutung ihr Unwesen. Die Landbevölkerung verarmt immer mehr. Pestepidemien und wiederholte Überfälle arabischer Piraten dezimieren die Bevölkerung.

1617 Aus einem 1562 gegründeten Jesuitenkolleg geht die Universität von Sassari hervor.

1626 Gründung der Universität Cagliari unter spanischer Herrschaft.

1701–1714 Der letzte spanisch-habsburgische König Carlos II. stirbt 1700 ohne männlichen Nachkommen und löst damit den Spanischen Erbfolgekrieg aus. Im Frieden von Utrecht (1714) wird Sardinien Österreich zugesprochen.

1718 Im Frieden von London geht Sardinien im Tausch gegen Sizilien an die Herzöge von Savoyen-Piemont. Zusammen mit den Festlandsbesitzungen bildet die Insel das Königreich Sardinien. Die wirtschaftliche Lage der Landbevölkerung verbessert sich auch unter den neuen Herrschern nicht, sodass sich Tausende gezwungen sehen, als Banditen durchs Land zu ziehen.

1738 Ligurische Fischer, die aus nordafrikanischer Sklaverei freigekauft wurden, siedeln auf der vorgelagerten Insel San Pietro.

1799 Carlo Emanuele VI. flieht vor Napoleons Truppen nach Sardinien und ist damit der erste savoyische König, der sardischen Boden betritt. Mit seiner ausschweifenden Hofführung macht er sich keine Freunde.

1815 Sein Sohn Carlo Felice bemüht sich, die rückständige Infrastruktur der Insel zu modernisieren. Ihm verdankt Sardinien die Nord-Süd-Straßenverbindung zwischen Porto Tórres und Cagliari, die noch heute nach ihm benannt ist.

1820 Der ›Erlass zur Einfriedung von Land‹ soll es armen Kleinbauern ermöglichen, durch Einzäunen Landeigentum zu erwerben. Von dieser Bodenreform profitieren jedoch hauptsächlich Großgrundbesitzer. Leer gehen die Hirten aus, denn sie dürfen die nun eingezäunten Weiden nicht mehr nutzen. Es kommt zu Aufständen und das Banditentum greift weiter um sich.

1835 Abschaffung des Feudalsystems. Für ihre Freiheit sollen die Dörfer jedoch hohe Ablösesummen an die ehemaligen Feudalherren zahlen. Viele Sarden wandern aufs Festland aus.

1855 Giuseppe Garibaldi siedelt sich als Bauer auf der zum La Maddalena-Archipel gehörenden Insel Caprera an. Von dort aus leitet er 1860 den ›Zug der Tausend‹ nach Sizilien und vertreibt die spanischen Bourbonen aus Neapel.

1861 Sardinien wird Teil des Vereinten Königreiches Italien. König Vittorio Emanuele II. aus dem Hause Savoyen tritt sein Stammland Savoyen an Napoleon III. von Frankreich ab.

1871 Grazia Deledda, später Sardiniens bedeutendste Dichterin, wird in der Provinzhauptstadt Nuoro geboren.

1880 Bau der ersten Eisenbahnstrecke zwischen Cagliari und Sassari. Abholzung der sardischen Wälder auch für Eisenbahnschwellen in anderen Regionen Italiens.

1915–18 Die Brigata Sassari zeichnet sich im Ersten Weltkrieg im Kampf gegen Deutschland und Österreich durch besondere Tapferkeit aus.

1921 Gründung der Sardischen Aktionspartei Partito Sardo d'Azione, die mehr Autonomie für die Insel fordert.

1923 Mussolini besucht Sardinien und initiiert kurze Zeit später die Entwässerung der ungesunden, von Malaria verseuchten Sumpfgebiete an der Küste. Außerdem fördert er den Bergbau.

1926 Grazia Deledda erhält den Nobelpreis für Literatur.
1943 Die Alliierten bombardieren die Städte Cagliari, Alghero und Olbia.
1946 Ausrufung der Italienischen Republik am 2. Juli.
1948 Sardinien erhält als Autonome Region Italiens einen Sonderstatus mit weitreichenden Rechten zur Selbstverwaltung und wird in drei Provinzen (Cagliari, Sassari und Nuoro) eingeteilt. Inselhauptstadt wird Cagliari.
1950 Gründung der Cassa per il Mezzogiorno zur Förderung des unterentwickelten italienischen Südens, zu dem auch Sardinien gehört. Gelder für den Aufbau der petrochemischen Industrie fließen auf die Insel. Die Sarden versprechen sich Arbeitsplätze, die jedoch größtenteils mit Fachpersonal vom italienischen Festland besetzt werden.
1951 Schlechte Ernten ziehen eine Hungersnot nach sich. Tausende Sarden verlassen ihre Heimatinsel, um auf dem Festland Arbeit zu suchen.
1962 Gründung des Consorzio Costa Smeralda unter dem Vorsitz Karim Aga Khans, des geistig-religiösen Oberhaupts der Ismailiten. An der felsigen Küste im Nordosten Sardiniens entsteht ein Urlaubsparadies für Reiche, der Beginn des sardischen Tourismus.
1974 Gründung der vierten sardischen Provinz Oristano – wie üblich benannt nach der Provinzhauptstadt.
ab 1980 Sardinien erlässt Bestimmungen zum Umweltschutz, etwa zur Wiederaufforstung der Wälder im Inselinneren.
1990 Die sardischen Kommunen erhalten ein verstärktes Recht auf Selbstverwaltung. Vor allem in der zentralen Barbágia werden gleichwohl Forderungen nach weiter reichender Autonomie laut.
1999 Das Sardische wird vom italienischen Parlament als eigenständige Sprache anerkannt. Es ist nun gleichberechtigt neben dem Italienischen, kann z. B. an den Schulen unterrichtet werden. Von den Sarden wird die Anerkennung ihrer Sprache als großer Sieg gefeiert.

Karim Aga Khan hat gut lachen, initiierte er doch 1962 das Projekt Costa Smeralda

2001 Im Juni wird an der Costa del Sud das illegal errichtete Luxushotel Baia delle Ginestre abgerissen. Die Regierungskampagne zum Schutz der Landschaft zeigt damit erste Erfolge.
2002 Die Anzahl der Übernachtungen ausländischer Gäste zwischen Januar und August (6,17 Mio.) übertrifft bereits die des gesamten Vorjahres (5,71 Mio.).
2004 Ab Mai werden die Fährverbindungen der Corsica & Sardinia Ferries zwischen Livorno bzw. Civitavecchia und Golfo Aranci wieder aufgenommen (insgesamt siebenmal täglich).
2005 Um den ausgeprägten landschaftlichen Eigenarten in Sprache und Kultur gerecht zu werden, wird die Insel in acht statt vier Verwaltungsbezirke eingeteilt (Cagliari, Ogliastra, Nuoro, Olbia-Tempio, Sassari, Oristano, Medio Campidano und Carbonia-Iglesias).

◁ *Der italienische Diktator Benito Mussolini (1883–1945) fördert Sardiniens Industrie*

Vollkommene Komposition von Meer und Küste – am Capo Testa zeigt sich Sardinien von seiner schönsten Seite

Unterwegs

Cagliari und der Süden – Küstenidyll mit feinen Stränden

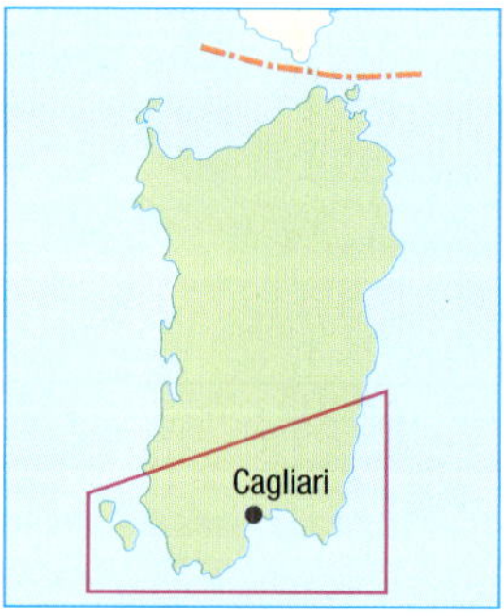

Als Hauptstadt Sardiniens ist das geschäftige **Cagliari** durch Industrie und Handel geprägt, versprüht aber trotzdem urbanen Charme. Das *kulturelle Herz* der Insel pocht ohnehin in der Metropole an der Südküste, konzentrieren sich hier doch die wichtigste Universität der Insel und bedeutende Museen. Im Westen der Stadt befinden sich Erdöl verarbeitende Raffinerien und Elektrizitätswerke, daher fahren die Cagliaritani zum Baden lieber in den Osten, an ihren Hausstrand **Poetto**. Dessen heller Sand setzt sich über **Villasimius** bis zur **Costa Rej** fort, an der Urlauber kilometerlange Sandstrände und kristallklares Wasser genießen. Die nicht minder schöne Küste südwestlich von Cagliari war bereits früher gut besucht. Davon zeugen die trutzigen steinernen **Sarazenentürme**, die Pisaner im 16./17. Jh. als Kette von meernahen Ausgucken und Bollwerken gegen maurische Überfälle errichteten. Römer hinterließen in **Nora** ihre Spuren, phönizisch sind die Ruinen von **Bithia** an der wunderschönen, gut erschlossenen **Costa del Sud**. Urtümlicher ist die **Costa Verde** mit ihrem 2–3 km breiten Dünengürtel. Im Hinterland bietet über der Nuraghensiedlung **Su Nuraxi** mit ihrem scheinbaren Gewirr aus kreisförmigen Steinmauern die großartige Tafelebene **Giara di Gesturi** seltener einheimischer Fauna und Flora eine geschützte Heimat.

1 Cagliari

Plan Seite 20

Lebhafte Hafen- und Inselhauptstadt mit den bedeutendsten Museen Sardiniens.

Fast ein Viertel der sardischen Bevölkerung, nämlich rund 400 000 Menschen, lebt im Großraum Cagliari. Zwar zählt die Inselmetropole selbst ›nur‹ etwa 165 000 Einwohner, trotzdem herrscht während der Arbeitswoche ein wahres Verkehrschaos. Urlauber sollten es sich gut überlegen, ob sie mit dem Wagen in die Stadt fahren. Trotzdem ist Cagliari einen Besuch wert: Kunstliebhaber schätzen das Museumszentrum auf dem Burghügel, Shoppingfreunde die hervorragenden Einkaufsmöglichkeiten in der unteren Stadt und andere Besucher sitzen dort gern in einem der einladenden Cafés und beobachten das geschäftige Treiben auf Cagliaris Straßen.

Geschichte Bereits vor etwa 20 000 Jahren lebten altsteinzeitliche Menschen an der Mündung des Flusses Mannu. Damit gilt Cagliari als einer der ältesten ständig besiedelten Orte Europas. **Phönizier** aus dem nahen Afrika gründeten um 700 v. Chr. eine erste Niederlassung namens *Karali*. Ihnen folgten **Karthager**, die ab 520 v. Chr. sardisches Erz und Getreide über den Hafen verschifften. Das blühende Handelszentrum wurde beständig erobert, erstmals 238 v. Chr. von dem **römischen Konsul** Tiberius Gracchus, der *Caralis* zur Hauptstadt der römischen Provinz *Sardinia* machte.

Nach dem Niedergang des Römischen Reiches etablierten sich auf Sardinien vier abgeschlossene Regionen, sog. **Judikate**, eines davon mit Cagliari als Hauptstadt. Es löste sich auf, als im 11. Jh. wiederholt Sarazenen angriffen und Mitte des 12. Jh. **Pisaner** die Macht übernahmen. Sie bauten Cagliari zur Festung aus, errichteten u. a. die Zitadelle, deren Mauern die Altstadt auf dem Burghügel noch heute umgeben. Trotzdem eroberten 1324 **Katalanen** unter Pedro IV. Stadt und Insel. Die feudale Herrschaft der Spanier war wirtschaftlich und sozial ein Fiasko, Volksaufstände häuften sich, blieben jedoch stets

wirkungslos. Als Kriegsbeute und durch Landtausch kam Cagliari wie ganz Sardinien im 18. Jh. erst in den Besitz von **Österreich**, dann des norditalienischen **Savoyen-Piemont**, beide der einheimischen Bevölkerung gleichermaßen verhasst. Der Unmut hinderte die Piemonteser Könige jedoch nicht daran, ihren Thronsitz 1798/99 wegen außenpolitischer Schwierigkeiten nach Cagliari zu verlegen, wovon die Stadt baulich profitierte.

Davon blieb freilich nicht viel, denn 1943 wurde Cagliari als wichtiger Flottenstützpunkt fast vollständig zerstört. Doch nach Ende des Zweiten Weltkriegs erhob sich die alte Hafenstadt, seit 1949 **Regierungssitz** der Autonomen Region Sardinien, wie ein Phönix aus der Asche. Heute ist sie mit ihrer guten Infrastruktur, der internationalen Verkehrsanbindung, einer Universität sowie nicht zuletzt der bedeutenden petrochemischen Industrie in ihrem Westen zu einer modernen Metropole herangewachsen, nicht gerade die schönste Stadt Sardiniens, doch unbestritten die erfolgreichste.

Besichtigung Cagliari ist auf zwei Ebenen erbaut: Die noch heute von alten Befestigungsmauern umgebene **Oberstadt** breitet sich an den Kalkhängen des Burghügels aus, der die Stadt im Norden über-

Oben: *Weiter Blick von der Bastione San Remy über das Häusermeer von Cagliari*
Unten: *Trauliche Winkel entdeckt man bei einem Streifzug durch Cagliaris Altstadt*

ragt und zur Ebene des Campidano hin abgrenzt. Die Häuser der **Unterstadt** drängen sich um den Scheitelpunkt des *Golfo di Cagliari*, den man hier *Golfo degli Angeli*, ›Bucht der Engel‹, nennt. Die ausladende Bucht reicht von Capo Carbonara im Osten bis zum Capo Spartivento im Westen. Zu beiden Seiten der Unterstadt breiten sich große **Lagunen** aus, an denen im Frühjahr unzählige Flamingos brüten.

Casteddu

In der von Einheimischen Casteddu (nach dem span. *Castello*) genannten Oberstadt weisen Schilder mit der Aufschrift *Itinerario Culturale Pedonale* einen empfehlenswerten Fußweg aus, an dem zahlreiche kulturhistorische Sehenswürdigkeiten liegen. Er beginnt an den **Giardini Pubblici** 1, einem schmalen Stadtpark mit herrlichem Panorama auf Umland, Unterstadt und Meer. Ein kleiner Schlenker führt ins Viertel Stampace nach Westen zum **Anfiteatro Romano** 2 (Tel. 0 70 65 29 56, www.anfiteatroromano.it, April–Okt. Di–So 10–12.30 und 15–17.30 Uhr, sonst 10–12.30 und 13–15.30 Uhr). Das unterhalb der Via Nicola da Gesturi liegende römische Amphitheater wurde im 2. Jh. n. Chr. aus dem Kalkfelsen gehauen und bot annähernd 10 000 Zuschauern Platz. Restauriert und ergänzt durch moderne Anbauten, finden im Sommer vor dieser antiken Kulisse beeindruckende Opernaufführungen statt.

Dem schattigen Viale Buon Cammino folgend kommt man bald zur kleinen

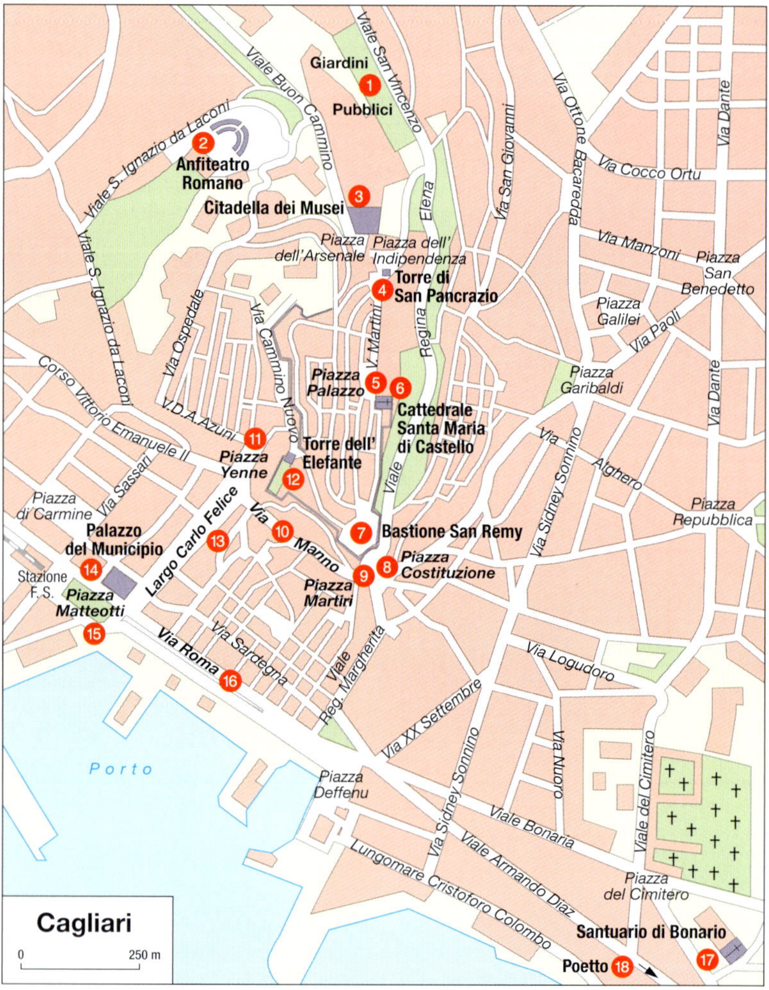

Die Zeiten sind lange vorbei, in denen im Anfiteatro Romano Tierjagden und Gladiatorenkämpfe stattfanden. Heute werden hier feingeistigere Vergnügungen geboten

zentralen **Piazza dell'Arsenale**. Sie ist nach dem spanischen Waffenarsenal (15./16. Jh.) benannt, durch dessen noch erhaltene Umfassungsmauer ein Durchgang nach links in die unmittelbar dahinter liegende **Citadella dei Musei** 3 führt. Die ›Zitadelle der Museen‹ trägt ihren Namen zu Recht. In den erhaltenen Resten historischer Mauern entstand seit 1962 mit viel Sichtbeton ein zwar trutzig wirkendes, doch beeindruckendes und architektonisch gelungenes Zentrum mit Archäologischem Museum und Pinakothek. Überdies bietet der Komplex einer Sammlung von Objekten aus Siam und Wechselausstellungen Platz.

TOP TIPP Unbedingt sollte man dem **Museo Archeologico Nazionale** (Tel. 0 70 65 59 11, Di–So 9–20 Uhr) einen ausführlichen Besuch abstatten. Nirgendwo sonst auf der Insel sind so zahlreiche Bronzestatuetten der Nuragher (ab dem 8. Jh. v. Chr.) ausgestellt. Viele dieser 5–20 cm hohen, ausdrucksstarken *Bronzetti* stellen wahrscheinlich Krieger und Priester dar. Lange Kultspeere mit doppeltem Hirschgeweihaufsatz oder bis zu 25 cm lange Votivschiffchen gehören ebenfalls zu den Schätzen der reichen Sammlung. Doch auch die restlichen Exponate sind sehenswert, etwa Tongefäße aus dem mittleren Neolithikum (4000–3500 v. Chr.), eine 15 cm kleine, zierliche Göttin aus Kalkstein mit flacher Kopfbedeckung aus der Nekropole Cuccuru S'Arriu bei Oristano oder eine etwa dreimal so große weibliche Gestalt aus weißem Marmor in schlichter, fast geometrisch abstahierter Kreuzform.

TOP TIPP Das Gebäude der **Pinacoteca Nazionale** (Tel. 0 70 67 40 54, Di–So 9–20 Uhr) gegenüber ist gekonnt in die historische Bastion des Arsenals integriert. Perfekt ausgeleuchtete Ölgemälde und Tafelbilder sowie wunderschöner sardischer Goldschmuck erwarten den Besucher in den hohen schlichten Räumen. Vor allem die Retabel zählen zum Besten, was das an hervorragender gotisch-katalanischer Kunst des 15. und 16. Jh. reiche Sardinien zu bieten hat. Eines der bedeutendsten ist das *Retablo di San*

Nuraghische Votivschiffchen gehören zu den Schätzen des Museo Archeologico

Auch dem Inselpatron Sant'Efisio ist in der Pinacoteca Nazionale ein Retabel gewidmet

Cristoforo eines anonym gebliebenen Meisters aus Kampanien (Ende 16. Jh.). Es stammt aus der Kirche San Francesco di Stampace in Cagliari und zeigt auf sechs Tafeln in manieristischer Form eine Kreuzigungsszene, darunter Mariä Krönung, flankiert von den Heiligen Giacomo Maggiore und Cristoforo links sowie Caterina und Sebastiano rechts. Aus Oristanos Kirche San Francesco stammen Teile eines *Polyptychons* von Antonio Mainas (1537–1571): Kreuzigung, Verkündigung und Himmelfahrt Mariae.

Über die Piazza dell'Arsenale gelangt man anschließend zur von mehrstöckigen Stadtpalästen umgebenen, harmonischen **Piazza dell'Indipendenza**. Auffällig erhebt sich hier die klobige **Torre di San Pancrazio** 4 (Tel. 0 70 49 60 60, Di–So 9–12.30 und 16.30–19.30 Uhr). Der viereckige, 1304–05 aus hellem Kalkstein erbaute pisanische Festungsturm, früher nach einer Abbildung an seiner Fassade *Löwenturm* genannt, ist heute zu besichtigen. Über eine innen liegende, großzügige Holztreppe erreicht man das *Flachdach*, von dem aus man einen hinreißenden Blick auf das Castello und die Unterstadt genießen kann.

Das harmonische Altstadtensemble von Cagliari zieht sich den Burghügel hinauf ▷

Die schmale Via Martini führt schnell zur lang gestreckten **Piazza Palazzo** 5, die, gerahmt von prächtigen Fassaden, einer Theaterkulisse entstammen könnte: geradeaus der schmalbrüstige *Palazzo di Viceregio* (18. Jh.), der frühere Sitz der spanischen und piemontesischen Vizekönige, links die Präfektur, *Prettura*, gefolgt vom *Palazzo Arcivescovile*, dem Erzbischöflichen Palast aus dem 18. Jh. Schade nur, dass der schöne Platz, von dem genau in der Mitte eine Treppe abwärts in teils mit Kieselsteinen gepflasterte Gassen bzw. zur Piazza Carlo Alberto führt, trotz Verkehrsberuhigung stets mit parkenden Autos voll gestellt ist.

Im Südosten der Piazza Palazzo fällt die helle Kalkstein- und Marmorfassade der **Cattedrale Santa Maria di Castello** 6 (Tel. 0 70 66 38 37, Sommer tgl. 9–12 und 16–19 Uhr, Winter tgl. 9–12 Uhr) und des benachbarten gedrungenen *Campanile* auf. Eigentlich wurde das Gotteshaus Ende des 13. Jh. in romanisch-gotischem Stil errichtet, im späten 17. Jh. jedoch gründlich barockisiert. Eine Vorstellung vom ursprünglichen Erscheinungsbild kann man sich anhand der schlichten schmalen Portale machen, die ebenso wie die der **Fassade** vorgeblendeten, dreistöckigen Zwerggalerien darüber 1933 nach Originalzeichnungen wieder hergestellt wurden. Das **Innere** der üppig mit Mosaiken geschmückten Kirche aber wurde

Trügerischer Augenschein: Neoromanisch ist nur die Fassade, in ihrem Innern ist die Kathedrale Santa Maria di Castello vollkommen barock umgebaut

barock belassen, deutlich zu sehen z. B. an den hohen Seitenaltären mit ihren gedrehten Säulen und dem Mausoleum (1680) für Martín II. von Aragón im linken Seitenschiff. Fast original wurde die wunderschöne *Marmorkanzel* (12. Jh.) des Meisters Guglielmo auf dunklen Marmorsäulen belassen. Sie hatte bis 1312 im Dom von Pisa ihren Platz, musste dann aber dort einer Kanzel von Giovanni Pisano weichen und kam so als Geschenk nach Cagliari. Hier behandelte man das Meisterstück jedoch schmählich: 1670 schnitt man die Guglielmo-Kanzel der Länge

Nach außen hin ist die Torre dell'Elefante abweisend, zur Stadt gibt sie sich offener

nach durch und stellte die beiden Teile rechts und links des Hauptportals auf. Dabei gingen einige der großartigen Steinmetzarbeiten zur Geschichte des Lebens Jesu verloren. Die vier Marmorlöwen, auf denen die Kanzel ursprünglich stand, zieren nun die Balustrade des Chores. Sie halten zwischen ihren Pranken jeweils einen Menschen, einen Bären, einen Drachen und einen Stier. Leider selten zu sehen ist die erst im 17. Jh. aus dem Felsen geschlagene *Krypta*, deren Deckengewölbe mit rund 500 Rosetten geschmückt sind.

Die Via Duomo führt zum südlichen Ende des Burghügels, wo man die **Bastione San Remy** 7 erreicht, deren weiße Mauern eine Terrasse begrenzen. Von hier überschaut man fast ganz Cagliari, auch den Hafen, der zum Greifen nahe erscheint. Die Piemonteser hatten 1720 das architektonisch aufwendigen Bollwerk auf den Grundmauern einer katalanischen Befestigungsanlage errichten lassen. Darunter erkennt man eine zweite, mit schmiedeeisernen Bänken und Bäumen geschmückte Terrasse, über die ein hoch aufragendes Portal und eine schwungvolle, zweiläufige Treppe hinab zum palmenbestandenen Viale Regina Elena in die Unterstadt führt.

Quartiere Marina

Unterhalb der Bastione San Remy weitet sich die **Piazza Costituzione** 8 zum Verkehrsknotenpunkt, unschwer an dem Gewirr von Oberleitungen für die Elektrobusse zu erkennen, die kreuz und quer über dem Platz hängen. Rechts biegt man zur **Piazza Martiri** 9 mit einem Obelisken als Denkmal für die Gefallenen beider Weltkriege ab. Die schmalen Gassen südlich davon gehören zum **Hafenviertel** Marina, dessen Ursprünge auf pisanische Zeit zurückgehen. Mit seinen kleinen Läden, Restaurants und den meist dreistöckigen, balkongeschmückten Altbauten ist es ein beliebtes zentrales Wohnviertel, das zu einem stimmungsvollen Bummel einlädt. Im Norden wird Marina von der Fußgängerzone **Via Manno** 10 begrenzt, die als lebhafte Einkaufsstraße zur **Piazza Yenne** 11 führt. Dort markiert eine Porphyrsäule neben dem Standbild für den Piemonteser König Carlo Felice den Beginn der nach ihm benannten Nationalstraße, die als S. S. 131 bis in den Norden Sardiniens nach Porto Tórres führt. Oberhalb der Piazza erhebt sich unmittelbar neben dem Universitätsgelände die markante, 35 m hohe **Torre dell'Elefante** 12 (Tel. 0 70 49 60 60, Di–So 9–12.30 und 16.30–19.30 Uhr). Baumeister Capula baute den ›Elefantenturm‹ 1305–07 wie die Torre di San Pancrazio als Teil des pisanischen Mauerrings um die Stadt. Trotz seiner fast blendend weißen, glatten Steine wirkt der Wehrturm sehr wuchtig und geradezu Furcht erregend. Der Name bezieht sich übrigens auf den kleinen Elefanten, der weit oben aus der Fassade plastisch hervorsteht. Darüber sieht man noch kleine Konsolen, die einst einen Umlauf trugen.

In der Unterstadt führt leicht abfallend der baumbestandene **Largo Carlo Felice** 13 südwestlich zum Hafen. Kurz vor Ende der Straße tauchen rechter Hand zwei weiße oktogonale, 38 m hohe Türme auf und bald erkennt man zwischen ihnen das ganze Geviert eines großen weißen Palastes im neugotisch-katalanischen Stil. Das prunkvolle Gebäude mit den abgerundeten Ecken ist das Rathaus, der **Palazzo del Municipio** 14 (Sa 16–20 und So 9–13 Uhr). Dieser 1899–1907 errichtete Palazzo Civico nimmt stolze 2400 m^2 Grundfläche ein und ist im Rahmen von Führungen zu besichtigen. Wichtigstes Stück ist im Obergeschoss das *Retablo dei Consiglieri*. Dieses ›Rats-

Dank seiner kunstvollen Innenausstattung lohnt der Palazzo del Municipio, das weiße Rathaus von Cagliari, auch unabhängig von nötigen Ämtergängen einen ausgiebigen Besuch

herrenretabel‹ schuf der sardische Maler Pietro Cavaro 1527–37 mit einer siebenteiligen Predella (Grablegung und die Zwölf Apostel). Das mittlere Hauptbild des Triptychons zeigt eine zartgesichtige Madonna mit Jesukind unter einer Dreifaltigkeit, flankiert von zwei Tafelbildern, auf denen u. a. schwarz gewandete Ratsherren mit roten Überwürfen dargestellt sind sowie die jugendlichen Heiligen Andreas und Cäcilia, die Cagliari der Obhut der Muttergottes übergeben.

Noch geschäftiger als der Largo Carlo Felice gibt sich die **Piazza Matteotti** 15 vor dem Rathaus. Kein Wunder, finden sich hier doch Touristeninformation, Hauptbahnhof und Station der Überlandbusse. Nach Osten begleitet die prachtvolle, wenngleich stark befahrene Meerespromenade **Via Roma** 16 das Hafenbecken, an ihrer meerabgewandten Seite gesäumt von belebten, Schatten spendenden Bogengängen. Mit ihr endet nahe des nüchternen Glas-Beton-

Klassizistische Prachtbauten des 19. Jh. und frühen 20. Jh. säumen die Via Roma, in deren Arkadengängen die Auslagen kleiner Geschäfte zu einem Schaufensterbummel einladen

Pietro Cavaro malte erstmals den Gekreuzigten mit angewinkelten Beinen

Prägnanter Pinselstrich

Mit Vater Lorenzo und Sohn Michele gilt der aus Cagliari stammende Maler **Pietro Cavaro**, der ca. 1508–37 wirkte, als Begründer der **Schule von Stampace**, benannt nach dem Stadtviertel der Hauptstadt, in dem die Ateliers lagen. Was immer im 16. Jh. auf Sardinien gemalt wurde, war beeinflusst von dieser Schule. Pietro, der eine intensive künstlerische Ausbildung in Barcelona und Neapel genossen hatte, gilt noch heute vielen Kunstkritikern als der größte sardische Maler schlechthin.

Im Rathaus von Cagliari ist eines seiner kostbarsten **Retabel** zu bewundern [s. S. 25], das er 1527–37 malte. Es ist die Mischung aus der strengen Komposition seiner Bilder und den sanften Gesichtszügen vor allem seiner Madonnen, die Pietro Cavaro noch heute auszeichnen. Kunsthistoriker bemängeln freilich, er sei allzu sehr der frühen niederländischen Malerei verhaftet, von der er sich erst in seinem Spätwerk löste, das in manieristischen Tendenzen gipfelte, z. B. perspektivisch gesehen gewollt unnatürliche Drehungen der Figuren. Besonders deutlich ist dies am **Retablo della Crocifissione** in der Kathedrale von Cagliari zu erkennen, das Christus erstmals mit angewinkelten Beinen am Kreuz hängend zeigt. Danach wurde auf der Insel der Gekreuzigte nur noch in dieser Form dargestellt!

Baues des *Consiglio Regionale*, der Regionalregierung Sardiniens, auch das Viertel Marina.

Inselheilige und Hausstrand

Folgt man dem Viale Armando Diaz, der Verlängerung der Via Roma, nach Osten, führt nach etwa 1 km links eine Freittreppe einen Hügel hinauf zum **Santuario di Bonario** 17 (Tel. 0 70 30 17 47, tgl 9–12 und 17–19 Uhr). Das Kloster selbst wurde Anfang des 14. Jh. erbaut. Blickfang ist heute rechts davon die barocke Fassade der ab 1704 angebauten Kirche **Santa Maria di Bonario** mit ihren von Doppelsäulen geschmückten Portalen und Blendarkaden unter dem Dreispitzgiebel. Das Innere unter dem gewaltigen Tonnengewölbe ist in üppigstem Barock ausgestattet, der Hauptaltar steht frei unter einer mächtigen Kuppel. Das Gotteshaus wurde schnell zum beliebtesten Wallfahrtsziel Sardiniens, beherbergt es doch links, in der Apsis eines integrierten älteren Kirchenbaus aus dem 14. Jh., das wundertätige Gnadenbild der *Madonna di Bonario*. 1370 soll das Bild nach einem Sturm hier an die Küste geschwemmt worden sein, seitdem gilt die Hl. Jungfrau als Schutzpatronin der Seeleute sowie – seit 1907 – der ganzen Insel. Ihren Dank für die tatkräftige Hilfe der Muttergottes bekunden Gläubige in zahllosen Votivtafeln, die in der Sakristei, im Kreuzgang des Klosters und im angrenzenden kleinen *Museo Marinaro* (tgl. 9–12 und 17–19 Uhr) zu sehen sind.

Hinter der östlichen Vorstadt *Quartu Sant'Elena*, ca. 7 km von der Innenstadt entfernt, erstreckt sich der große *Stagno di Molentargius*. Zwischen der Lagune und dem Meer liegt **Poetto** 18, der kilometerlange helle Hausstrand Cagliaris. Mag an sommerlichen Sonn- und Ferientagen das Gedränge noch so groß sein – die Cagliaritani lieben ihren Strand mit seinen großen Buden und bunten *Bagni*, den Strandbädern.

i Praktische Hinweise

Information

Comune Cagliari, Servizio Turismo, Palazzo Civico, Via Sonnino, Cagliari, Tel. 07 06 77 84 97, Fax 07 06 77 85 00, www.comune.cagliari.it. – **EPT**, Piazza Deffenu 9, Cagliari, Tel. 0 70 60 42 41, Fax 0 70 66 32 07, www.regione.sardegna.it/eptca. – **IAT**, Piazza Matteotti 9, Cagliari, Tel. 0 70 66 92 55, Fax 0 70 66 49 23, www.aast.ca.it.

Erholungspause nach dem Stadtbummel in den schattigen Arkaden der Via Roma

Stadtbesichtigung

Trenino Turistico, Via Crispi 19, Cagliari, Tel. 0 70 65 55 49, Fax 0 70 65 86 31, www.trenino.it. Die roten und weißen Bimmelbahnen fahren auf unterschiedlichen Routen durch die Stadt (Haltestelle Piazza Yenne, April–Sept. tgl. 11–12 und 17–19.30 Uhr, sonst Sa 16.30–18.30, So auch 11–12 Uhr).

Flughafen

Aeroporto Internazionale Cagliari-Elmas, Tel. 0 70 21 12 11, www.aeroporto dicagliari.com. 6 km nordwestlich an der Lagune. Mehrmals tgl. Flüge von und zu allen größeren europäischen Flughäfen, z. B. Rom, Frankfurt, München. ARST, Tel. 07 04 09 83 24, bietet Busverbindungen in die Innenstadt.

Schiff

Stazione Marittima, Via Calafati, Cagliari, Tel. 0 70 60 51 71. Buchungen bei örtlichen Reisebüros und Schiffsagenturen (s.u.). Passagierschiffe und Autofähren verschiedener Gesellschaften fahren nach Sizilien (Palermo, Trapani), Neapel, Livorno und Civitavecchia.

Tirrenia Navigazione, Tel. 0 70 66 60 65, Fax 0 70 66 38 53, www.tirrenia.com

Bahn

Stazione FS, Piazza Matteotti, Cagliari. Züge der italienischen Staatsbahn *Ferrovie dello Stato* (www.trenitalia.com, Tel. 89 20 21 (nur in Italien, gebührenfrei) oder 0 70 49 13 04), nach Iglesias/Carbonia, über Macomer und Chilivani entweder nach Olbia und Golfo Aranci oder über Sassari nach Porto Tórres.

Stazione FdS, Largo Patrizio Gennari, Cagliari. (Bahnhof Piazza della Repubblica wegen Umbau zzt. geschl.).
Züge der Schmalspurbahn *Ferrovie della Sardegna* (www.ferroviesardegna.it, Tel. 0 70 58 00 78) fahren mehrmals tgl. nach Mandas, Sorgono und Arbatax-Tórtoli.

Bus

CTM, Viale Trieste 159, Cagliari, Tel. 07 02 09 11, www.ctmcagliari.it.
Die orangefarbenen Städtischen Busse fahren auch die Strände der näheren Umgebung, wie etwa Poetto, an.
Die Tickets kauft man vor Fahrtantritt am Busschalter in der Via Lunigiana 29 bzw. an Kiosken.

ARST, Piazza Matteotti 6, Cagliari, Tel. 07 04 09 83 24, www.arst.sardegna.it. Mit den hellblauen Bussen gelangt man an beinahe jeden Ort Sardiniens.

Ungestörte Badefreuden: Von Villasimius bis zum westlich gelegenen Capo Boi reihen sich strahlend weiße Sandstrände in heimeligen Buchten aneinander ▷

PANI Autolinee, Piazza Darsena 4, Cagliari, Tel. 0 70 65 23 26, www.organizzazionepani.it. Die ebenfalls hellblauen Busse verbinden Cagliari mit dem Norden der Insel, tgl. mehrmals Fahrten nach Sassari, Nuoro und Porto Tórres. Abfahrt am Hafen (Via Roma) gegenüber vom blauen Hafenamt.

Hotels

******Regina Margherita**, Viale Regina Margherita 44, Cagliari, Tel. 070 67 03 42, Fax 0 70 66 83 25, www.hotelregina margherita.com. Ansprechendes Stadthotel im Hafenviertel.

******Caesar's**, Via Darwin 2/4, Cagliari, Tel. 0 70 34 07 50, Fax 0 70 34 07 55, www.caesarshotel.it. Hotel mit 48 Zimmern und Restaurant im Osten von Cagliari.

*****Jolly Hotel**, Circonvallazione Nuova Pirri 626, Cagliari, Tel. 0 70 52 90 60, Fax 0 70 50 22 22, www.jollyhotels.it. Zweckmäßiges Hotel an belebter Straße am nördlichen Stadtrand. Ganzjährig geöffnet.

*****Quattro Mori**, Via Angioj 27, Cagliari, Tel. 0 70 66 85 35, Fax 0 70 66 60 87, www.hotel4mori.it. Einladendes Stadthotel, zentral in der Nähe des Bahnhofs gelegen. Mit Parkplatz.

Restaurants

Die meisten Restaurants Cagliaris haben So und im Aug. geschlossen.

Antica Hostaria, Via Cavour 60, Cagliari, Tel. 0 70 66 58 70. Das urige Lokal im Hafenviertel bietet lokale Küche mit Fisch und Fleisch. An den Wänden hängen Bilder einheimischer Künstler.

Top Tipp **Dal Corsaro**, Viale Regina Margherita 28, Cagliari, Tel. 0 70 66 43 18. In dem klassisch-eleganten Restaurant im *Marina*-Viertel speisen Gäste vom Besten, was die Insel zu bieten hat. Es lohnt sich, ein sardisches oder – noch mehr auf Fisch und Meeresfrüchte aufgebautes – cagliaritanisches Menü zum etwas angehobenen Festpreis zu probieren. Hervorragende Weine, perfekter Service.

Flora, Via Sassari 45, Cagliari, Tel. 0 70 66 47 35. Freundliches Restaurant mit gutem Preis-Leistungs-Verhältnis nordwestlich des Rathauses. Mit lokaler Küche und guter Weinauswahl, auch von ausländischen Tropfen.

Lillicu, Via Sardegna 78, Cagliari, Tel. 0 70 65 29 70. Authentische Trattoria direkt am Hafen. Der Wirt serviert cagliaritanische Küche, z. B. Fischsuppe oder geschmorte Oktopusse.

San Crispino, Corso Vittorio Emanuele 190 (westlich der Piazza Yenne), Cagliari, Tel. 0 70 65 18 53. In dem rustikalen Restaurant im Stampace-Viertel kommen lokale Gerichte auf den Tisch: Muscheln und Seeanemonen, Pferdesteak und Eselfleisch (Mo geschl.).

2 Villasimius

Unscheinbares, doch freundliches Dorf mit buchtenreicher sandiger Traumküste.

Seiner günstigen, küstennahen Lage zwischen den beiden schönen Buchten Golfo di Carbonara im Südwesten und Spiaggia del Simius im Südosten verdankt das einstige Fischerdorf (2800 Einw.) seine Entwicklung zur beliebten Feriensiedlung. Die Römer schätzten das Hinterland um den bestimmenden, 1023 m hohen *Monte Sette Fratelli* als fruchtbares Getreideanbaugebiet, heutige Besucher lieben das smaragdgrüne Wasser des Mittelmeers an weiten Sandstränden oder kleinen kiesbedeckten Buchten, wie sie in der Nähe von Villasimius so zahlreich

zu finden sind. Entsprechend rege ist auch die Bautätigkeit entlang der buschbestandenen Küste, deren sanfte Hügel nicht selten fotogen von den Überresten steinerner Sarazenentürme bekrönt sind.

Die aussichtsreiche Panoramastraße entlang der Südostküste zählt zu den schönsten der Insel. Bei beständigem Auf und Ab bieten sich wunderbare Blicke auf das Meer und in versteckte Buchten. Eine in Villasimius abzweigende Stichstraße endet an der südöstlichsten Spitze Sardiniens, dem leuchtturmbestückten, felsigen **Capo Carbonara**. Das Kap selbst ist zwar militärisches Sperrgebiet, aber die meisten Besucher biegen ohnehin vorher nach Westen zur **Spiaggia del Simius** ab. Der gut 500 m lange, weiße Sandstrand am Golfo di Carbonara geht westlich in viele kleine Buchten über, die sich bis zum weit vorspringenden **Capo Boi** hinziehen.

i Praktische Hinweise

Hotels

******Capo Boi**, Località Piscadeddus, Villasimius, Tel. 07 07 98 90 15, Fax 07 07 98 91 28, www.altamarea.it. Die Ferienanlage war eine der ersten an dieser Küste und ist zu einem eigenständigen Dorf herangewachsen.

******Simius Playa**, Via del Mare, Villasimius, Tel. 07 07 93 11, Fax 0 70 79 15 71, www.simiusplaya.com. In einen Garten eingebettetes Ferienhotel nahe am Strand. Mit Pool und Tennisplatz.

******Stella Maris**, Località Campulongu (5 km südwestlich), Villasimius, Tel. 0 70 79 71 00, Fax 0 70 70 74 67, www.stella-maris.com. Das freundliche Hotel mit mediterranem Charme liegt oberhalb eines schönen Sandstrands. Mit Pool und Tennisplatz.

Restaurant

Santa Maria, Località Santa Maria (Richtung Cagliari, 1,5 km), Villasimius, Tel. 0 70 79 02 05. Unscheinbares, doch sehr gutes, mittelpreisiges Restaurant mit Aal- und anderen Fischspezialitäten sowie Pizza aus dem Holzofen.

3 Costa Rej

TOP TIPP *Feriensiedlung an kilometerlangen Dünen im Schutz des Monte Nai.*

Fast weiße Sandstrände mit Piniensaum und eine Kette von Lagunen machen den Reiz dieses mehr als 12 km langen Uferabschnittes im Südosten aus. Die ›königliche Küste‹ erstreckt sich zwischen zwei Erhebungen: im Norden der 300 m hohe **Monte Ferru**, der auf das weit ins Meer ragende *Capo Ferrato* mit Leuchtturm und Granitfelsen weist, im Süden der **Monte Macioni** (336 m). Dazwischen fungiert der **Monte Nai** (239 m) als Landmarke und ›Hausberg‹ der gleichnamigen Feriensiedlung zu seinen Füßen. Mit ihrem Bau war bereits in den 60er-Jahren des 20. Jh. begonnen worden. Unzählige Su-

permärkte und Restaurants dienen der Versorgung der jährlich rund 20 000 Urlauber, die hier in Apartments oder Ferienwohnungen den Sommer verbringen.

Die relativ niedrigen Dünen der Costa Rej sind spärlich bewachsen, der Küstenstreifen davor aus feinstem, hellem Sand, vereinzelt punktiert von großen, rund gewaschenen Felsen. Der frei zugängliche Strand läuft flach ins Meer aus, ein Paradies für Kinder. Für Abwechslung vom Schwimmen und Sonnenbaden sorgen im Sommer die Angebote von Tauchschulen, Reitställen oder Fahrradverleihern.

4 Santa Margherita di Pula und Nora

Turbulent geht es an den Sandstränden zu, ruhiger auf der Ausgrabungsstätte.

Rund 30 km südwestlich von Cagliari ist der ursprüngliche Ortskern von **Santa Margherita di Pula** kaum zu erkennen. Er liegt inmitten der 5 km langen, von Pinien und Eukalyptusbäumen beschatteten Feriensiedlung, für die er als Dienstleistungszentrum von Bedeutung ist. Die Hotel- und Klubanlagen liegen außerhalb an den kilometerlangen, hellsandigen Stränden, meist von uralten Pinienwäldern oder dichter Macchia beschattet. Urlauber, die Strandferien suchen, kommen hier voll auf ihre Kosten. Neben Wassersport jeder Art werden Tennis, Reiten oder Golf angeboten. Auf dem schönen 18-Loch-Golfplatz von Is Molas (Tel. 07 09 24 10 13) werden sogar internationale Turniere ausgetragen.

Nora

Rund 5 km nördlich von Santa Margherita liegen am Capo di Pula die Ruinen von Nora (Tel. 07 09 20 91 38, www.nora.it, Sommer tgl. 9–20 Uhr, Winter 9–17 Uhr), der vermutlich ältesten Stadt Sardiniens. Bei einem Besuch kann man seine Badesachen mitnehmen, denn in der Nähe locken einladende Strände.

Phönizier gründeten um 1000 v. Chr. auf der weit ins Meer hinaus ragenden Halbinsel eine erste Handelsniederlassung, die in den folgenden Jahrhunderten punische Siedler zu städtischer Blüte brachten. Die Ausgrabungen 1952–60 des bei einer Springflut wieder entdeckten Ortes brachten jedoch hauptsächlich Spuren der Römer zutage, die Nora 238 v. Chr. eroberten und überbauten.

Am Eingang erhält man ein Faltblatt, das den Bummel durch die interessanten Ruinen informativ und einfach gestaltet. Zunächst läuft man direkt auf das Forum zu, an dem die zwölf Zuschauerreihen des kleinen halbrunden Theaters aus dem 2.–4. Jh. noch heute einen hübschen Anblick bieten. Bewunderswert sind auch die sorgfältig gearbeiteten und in weiten Teilen hervorragend erhaltenen *Mosaikböden* der Tempel, Thermen und Privatvillen. Am östlichen Rand der Ausgrabungsstätte erhebt sich dekorativ ein steinerner Turm, wohl auf phönizischen Fundamenten, wie er im 17. Jh. zu Verteidigungszwecken gegen Sarazenenüberfälle errichtet wurde.

Vor den Toren Noras befindet sich bei einem schönen Sandstrand die Ende der 1990er-Jahre restaurierte romanische Wallfahrtskapelle **San Efisio**, die dem Schutzheiligen von Cagliari, dem enthaupteten Märtyrer Efisio, geweiht ist. Papst Urban II. hatte sie 1089 den Benediktinern übereignet.

i Praktische Hinweise

Hotels

Alle genannten Hotels sind nur während der sommerlichen Hochsaison geöffnet.

TOP TIPP ****Is Molas Golf Hotel, Is Molas (4 km westlich von Pula), Tel. 07 09 24 10 06, Fax 07 09 24 10 02, www.ismolas.it. Sehr ruhiges und exklusives Sporthotel am Strand mit Garten, zwei Pools, Tennisplatz und Beauty Center. Der 18-Loch-Golfplatz liegt nahebei.

****Costa dei Fiori (SS 195, km 33,2), Santa Margherita di Pula, Tel./Fax 07 09 24 53 33, www.costadeifiori.it. Freundliche Apartments rings um einen

Oben: *Ankommen und ausspannen, dazu laden die weißen Strände der Costa Rej ein*
Unten: *So liebten es die reichen Römer – Mosaiken in Nora zeugen von Wohnkultur*

Aragoniten trotzen der Erdanziehung und wachsen auch aufwärts

Das Werk von Jahrmillionen

15 km nördlich von Teulada birgt inmitten des dichten Laubwaldes von Pantaleo der 236 m hohe Berg **Monte Meana** die grandiose Tropfsteinhöhle **Grotta Is Zuddas** (Tel. 07 81 95 57 41, tgl. 9.30–12 und 15–18 Uhr). Rot und orange färben eingelagerte **Metallsalze** die Wände der Höhle. Die Besucher werden 500 m tief in die faszinierende Welt unter der Erde geführt. In den hintereinanderliegenden Sälen der Höhle tropft stetig Kalkwasser von den Decken und lässt die dicht hängenden **Stalaktiten** noch heute wachsen, etwa 1 cm in 100 Jahren. **Stalagmiten**, die sich vom Boden her aufbauen, brauchen ein wenig länger. Am eindrucksvollsten sind in Is Zuddas aber die sog. **exzentrischen Aragoniten**: In alle Himmelsrichtungen ragen feinste, fast durchsichtige Kristallnadeln aus dünnen Kalkrohren, scheinbar unbeeinflusst von der Schwerkraft, die sie eigentlich hätte nach unten wachsen lassen sollen.

Swimmingpool. Nur ein schmaler Wald trennt die Hotelanlage vom Strand.

******Forte Village Le Palme**, Santa Margherita di Pula, Tel. 07 09 21 71, Fax 0 70 92 12 46, www.fortevillageresort.com. Eines der aufwendigsten Clubhotels Sardiniens in einem Pinienwald direkt am feinsandigen Strand. Viele Sportmöglichkeiten.

******New Barcavela**, Via delle Ondine (SS 195 Km 40), Santa Margherita di Pula, Tel. 07 09 29 04 76, Fax 07 09 29 04 80. Kleineres Hotel im Pinienwald mit Pool.

5 Costa del Sud

Kiesel und Sand: Beinahe unberührte Strände warten auf ihre Entdeckung.

Im Vergleich zum sommerlichen Trubel um Santa Margherita di Pula geht es an der rund 20 km langen Costa del Sud südwestlich davon geradezu beschaulich zu, obwohl auch hier immer mehr Feriensiedlungen entstehen. Auf der kurvigen Fahrt durch die wildromantischen, von Macchia bedeckten Hügel der ›Südküste‹ genießt man immer wieder großartige Ausblicke über das Meer, ragen Felsnasen vorwitzig vorspringend ins verlockend schöne Meer. Ab und zu erhebt sich ein dekorativer Sarazenenturm wie der **Torre di Chia** bei der gleichnamigen Lagune über der See, zu seinen Füßen die Ruinen der phönizischen Stadt *Bithia*. Die buchtenreiche Küste kann mit vielfältigen Stränden aufwarten: Mal bedecken Rundkiesel, mal größere Felsen oder grober, glitzernder Quarzsand die Ufer. Dazwischen locken immer wieder feinsandige Abschnitte wie an der besonders schönen **Spiaggia Tueredda**. Das türkisfarbene Wasser ist seicht und kristallklar, den weißen Strand schmücken Mimosen und Macchia. Im benachbarten Hafen von **Porto di Malfatano** an der länglichen Halbinsel des *Capo Malfatano* schaukeln die Wellen träge ein paar vertäute Fischerboote auf und ab.

Die Spitzen einiger Felsen durchbrechen die dunkelblaue Wasseroberfläche in der tiefen Bucht von **Porto di Teulada**. Westlich davon entstand der kleine Hafen von **Porto Budello**.

Sanft steigt das Land von der Küste aus an. Etwa 6 km im Landesinneren liegt in nur 50 m Höhe das Städtchen **Teulada** an der SS 195. Es scheint vom Tourismus fast unberührt zu sein, obwohl abseits der alten Wohnhäuser und Bauernhöfe an den Hängen voll rot blühender Wolfsmilchgewächse immer mehr Ferienhäuser auszumachen sind.

6 Carbonia

Vom Duce aus der Taufe gehoben.

Das bergige **Sulcis**, der Südwesten Sardiniens, galt bereits Puniern und Römern als Kornkammer. Naturschätze anderer Art interessierten im 20. Jh. Benito Mussolini, der 1933–38 für die Arbeiter des hiesigen Braunkohlebergwerks die Stadt Carbonia aus dem Boden stampfen ließ. Die Kohleförderung wurde eingestellt, aber noch immer baut man Bauxit für die Aluminium-Herstellung und andere Bodenschätze ab.

Die größte Sehenswürdigkeit der regelmäßig um die weite *Piazza Roma* angelegten, unpersönlichen doch sehr grünen Stadt ist ihr kleines **Museo Archeologico Villa Sulcis** (Tel. 0 78 16 40 44, Sommer Di–So 9–13 und 16–20, Winter 9–13 und 15–19 Uhr) in der Via Napoli 4, das 1988 im früheren Wohnhaus des Bergwerksdirektors eingerichtet wurde. Hier sind insbesondere archäologische Fundstücke aus der Region zu sehen, von neolithischem Steinwerkzeug des 6. Jh. v. Chr. bis zu byzantinischem Schmuck aus dem 6./7. Jh. n. Chr. Hauptattraktion sind die Funde aus phönizischer und punischer Zeit vom nahen Monte Sirai.

Gegenüber steht das **Museo di Paleontologia e Speleologia E. A. Martel** (Tel. 0 78 16 43 82, Sommer Di–So 9–13 und 16–20, Winter 9–13 und 15–19 Uhr), das Bergwerks- und Höhlenmuseum. Es erläutert den Untertagebau, der in der Region schon seit annähernd 3000 Jahren betrieben wird. Auf Nachfrage organisieren Museumsmitarbeiter auch Besuche von nicht touristisch erschlossenen Höhlen im Karstgebiet des Sulcis mit sachkundiger Begleitung.

Monte Sirai

3 km nordwestlich von Carbonia erreicht man die gut ausgeschilderte **Zona Archeologica Monte Sirai** (Tel. 0 78 18 20 31, tgl. 9–13 und 15–19, im Winter bis 17 Uhr; nur mit Führung) jenseits der Staatsstraße 126. Eine 1,5 km lange Asphaltstraße führt bequem zu der 190 m hoch gelegenen Ausgrabungsstätte auf einem oben abgeflachten Hügel. Zu sehen sind Mauerreste und Fundamente eines phönizisch-punischen Dorfes mit zwei Nekropolen, einer Akropolis sowie Tophet – einer Brandopferstätte für die karthagische Göttin Tanit und Friedhof für Kinder bzw. Totgeburten. Phönizier legten um ca. 750 v. Chr. auf der leicht zu verteidigenden Höhe neben einem vermuteten Nuraghendorf eine erste Siedlung an. Im 5. Jh. v. Chr. brannten Karthager den Ort nieder. Ihre eigene, befestigte Neugründung um 350 v. Chr. ergänzten sie durch Akropolis und Tophet außerhalb der Stadtmauern. Es wird vermutet, dass um 110 v. Chr. Römer die Bewohner vom Monte Sirai als Sklaven in die umliegenden Erzminen verschleppt haben. Jedenfalls wurde damals die Siedlung plötzlich verlassen.

i Praktische Hinweise

Schiff

Saremar, Portoscuso, Tel. 07 81 50 90 65, www.saremar.it. Autofähre zur Isola di San Pietro und von dort weiter nach Calasetta auf der Isola di Sant'Antioco.

Monte Sirai – wo einst nuraghische Kinder spielten, phönizische Hausfrauen einkauften und punische Händler Geschäfte machten

Mehr als eine Versuchung bietet die ausgezeichnete Küche des exklusiven Restaurants La Ghinghetta in Portoscuso

Restaurant

****La Ghinghetta**, Via Cavour 26, Portoscuso, Tel. 07 81 50 81 43. Teures Gourmetrestaurant an winziger Sandbucht mit Blick auf San Pietro. Die fantasievolle Küche honorierte Michelin mit einem Stern. Acht Zimmer sind angegliedert.

7 Isola di Sant'Antioco

Wunderschöne Fischerinsel mit uralter Geschichte und aufblühendem Tourismus.

Handeltreibende Phönizier und Römer auf der Suche nach Erzminen kamen ab dem 8. Jh. v. Chr. jeweils über Bogenbrücken auf die rund 100 km² große, hügelige, von Nuraghern bewohnte Insel. Karthager erreichten sie im 5 Jh. v. Chr. von Afrika aus mit dem Schiff. Heute verbindet ein etwa 5 km langer Damm Sardinien mit der Inselhauptstadt, die ebenfalls den Namen **Sant'Antioco** (11 700 Einw.) trägt. Der Ort geht auf das phönizische **Sulci** zurück, doch erst die Römer bauten ab 238 v. Chr. den geschützten Naturhafen für militärische Zwecke und für den Erzexport aus.

Noch heute verdankt die Stadt ihren Wohlstand dem bedeutenden **Hafen** in seinem Zentrum. In seiner aktuellen Form ließ ihn – ebenso wie große Teile der Stadt – 1933 Benito Mussolini anlegen, um Minerale und Kohle aus den Regionen Sulcis und Iglesiente auszuführen. Diesen Zweck erfüllt der Hafen noch heute, ergänzt durch eine kleine Werft sowie Jacht- und Fährverkehr.

Palmen schmücken zusammen mit den alten Platanen die Hafenfront. Oberhalb liegt auf einem Hügel die kleine Altstadt, das **Centro Storico**, in deren saniertem Kern sich die Kuppel der Pfarrkirche **Sant'Antioco** (Mo–Sa 9.30–12 und 15.30–18 Uhr, So/Fei 15.30–18 Uhr) erhebt. Bereits im 6. Jh. wurde sie als Zentralkuppelbau angelegt und dem afrikanischen Märtyrer Antiochus († um 125 n. Chr.) geweiht, der in den Katakomben (s. u.) auch begraben liegen soll. 1089–1102 wurde das Gotteshaus gründlich umgestaltet bzw. mit fast schwarzen Trachytblöcken überbaut. Die fein ausgestaltete Barockfassade stammt aus dem 17. Jh. Im rechten Seitenschiff steigt man vor dem Chor in die Unterkirche aus den Anfängen der Kirche ab, in die sog. *Katakomben* – gegen Gebühr und nur in Begleitung. Don Demetrio Pinna kennt kein Pardon, zu heilig ist ihm die Grabstätte des Märtyrers und zu bedeutend die punischen Gräber, die man in den labyrinthischen Gängen und Sälen ausgegraben hat. Ein paar Skelette ließ man *in situ*, an den Wänden sind geometrische Freskenreste zu erkennen.

Die größte Attraktion der Stadt, das Ausgrabungsgelände der phönizisch-punischen Siedlung Sulci, liegt auf einem Kalksteinhügel am nördlichen Rand von Sant'Antioco. Die von einer Stützmauer aus riesigen roten Trachytblöcken (4. Jh.

v. Chr.) umgebene **Zona Archeologica** (Sommer tgl. 9–13 und 15.30–19 Uhr, sonst tgl. 9–13 und 15.30–18 Uhr) besteht neben zwei Museen im Wesentlichen aus einer *Nekropole* mit zahlreichen Felsengräbern und dem *Tophet*, der zunächst als Brandopferstätte und später als Friedhof diente. Neben Urnen mit der Asche von Opfertieren wurden auffallend viele mit Kinderasche gefunden. Vermutete man früher deshalb ein schauerliches Opfer der Karthager, weiß man heute, dass hier Kinder beigesetzt wurden, die tot geboren oder im Säuglingsalter verstorben waren. Heute vermitteln Kopien an Stelle der rund 2000 entdeckten Original-Urnen eine Vorstellung von der großen Bedeutung des Kultes. Das **Antiquarium** genannte archäologische Museum liegt direkt unterhalb der Ausgrabungsstätte und birgt fast alle Funde, die auf dem Gelände gemacht wurden, u. a. Grabstelen und Keramiken.

In einem restaurierten alten Bauernhaus in Richtung des historischen Ortskerns befindet sich das **Museo Etnografico** (Tel. 0 78 18 35 90, tgl. 9–19 Uhr), das man mit derselben Eintrittskarte besuchen kann wie das Antiquarium. In dem Museum lernt man z. B. alte Getreidearten kennen sowie daraus kreierte Pastasorten, Brote und Gebäck. Auch *Pino nobilisi* wird vorgestellt, eine bis zu 70 cm lange Muschelart. Sie hält sich mit unglaublich zarten feinen Haaren (*Bissi*) an den Muschelbänken auf dem Sand oder an den Holzpfählen fest. Im Alten Testament wird berichtet, König Salomon habe einen Mantel aus dem kostbaren Haaren dieser Muschel getragen. Streng geschützt gedeiht die Pino nobilisi noch heute im Norden von Sant'Antioco. Der dortige Fischerort wurde wegen der Ähnlichkeit der Muschelhaare mit Seide Calasetta genannt, ›Bucht der Seide‹.

Das hübsche kleine **Calasetta** ist der zweite bedeutende Ort der Isola di Sant'Antioco. Die weiß getünchten Häuser an schnurgeraden Gassen, die den sanft ansteigenden Hang hinaufführen, gehen auf eine nach dem Reißbrett entstandene Kolonie ligurischer Flüchtlinge zurück, die vor rund 200 Jahren beim Savoyerkönig Zuflucht fanden. Der überschaubare Hafen dient der Fischerei sowie dem Fährbetrieb zur Nachbarinsel San Pietro. Ein dicker Rundturm aus rötlichem Trachyt markiert das obere Ende der Hauptstraße Via Marconi. Südwestlich dehnen sich die auch bei Einheimischen beliebten Sandstrände mit ihren eher bescheidenen Ferienhotels aus, dazwischen liegt das Neubaugebiet des Städtchens.

Der etwas andere Friedhof – rund 2000 punische Urnen bilden den Tophet von Sulci

Isola di San Pietro

Nur vier Seemeilen trennen Sant'Antioco von San Pietro, doch weil die See dazwischen recht rau ist, braucht die Fähre bis zu einer halben Stunde für die Überfahrt

Am Hafen von Carloforte ehrt ein Denkmal Carlo Emanuele III., den Förderer der Stadt

Die hellen, freundlichen Straßen von Carloforte verraten den ligurischen Ursprung des Städtchens, das 1738 von politischen Flüchtlingen aus Genua gegründet wurde

nach **Carloforte** (6600 Einw.). Dort hatten sich unter dem Schutz des Savoyerkönigs Carlo Emanuele III. Anfang des 18. Jh. Flüchtlinge aus dem ligurischen Genua niedergelassen, zu denen sich weitere Siedler gesellten, etwa aus der tunesischen Bucht von Tabarca freigekaufte Sklaven. Nicht nur im Altstadtviertel **Castello** erkennt man noch heute das Ligurische des Städtchens: seine pastellfarbenen, zwei- bis dreistöckigen Häuser mit grauen, viergeteilten Fensterläden, die gepflasterten engen Straßen und Treppengassen. An der breiten Hafenpromenade der **Via Roma** lässt es sich unter schattigen Bäumen auch bei großer Mittagshitze in einem der Cafés oder Restaurants aushalten, überall werden frischer Fisch und Langusten angeboten. Carloforte gilt als Zentrum des sardischen **Thunfischfangs** – anderswo wird er auf Sardinien aus Rentabiltätsgründen nicht mehr betrieben. Durchaus interessant ist in diesem Zusammenhang das kleine örtliche **Museo Civico** in der Via Cisterna del Re (Tel. 07 81 85 58 80, Sommer Di/Mi 17–21, Do–So 9.30–13 und 17–21 Uhr, Winter Di/Mi 9–13. Do–So 9–13 und 15–19 Uhr), mit Dokumenten aus der Stadtgeschichte – naturgemäß spielen der Fischfang und das Meer dabei eine besonders große Rolle.

Die Isola di San Pietro kann man nicht im Auto umrunden. Nur wo es für den Thunfischfang bzw. neuerdings für den Tourismus wichtig ist, gibt es Straßen. So fährt man von Carloforte auf Stichstraßen zur *Tonnara*, der Thunfischhalle von **La Punta** ganz im Norden, zum steilfelsigen **Capo Rosso** im Westen und zu den roten Klippen der kleinen Bucht von **La Caletta** weiter südlich, deren grober Sand mit Kies durchsetzt ist. Im äußersten Süden bieten die beiden roten *Faraglioni*, hoch aufragende Felsen, vor der **Punta Colonne** im tiefblauen Meer ein besonders schönes Bild. Unterwegs zieren Rebgärten, Olivenhaine, dichte Macchia und Hecken von Feigenkakteen die Landschaft.

i Praktische Hinweise

Information

Pro Loco, Corso Tagliafico 2, Carloforte, Tel./Fax 07 81 85 40 09, www.carloforte.it

Schiff

Agenzia Marittima, Piazza Carlo Emanuele 28, Carloforte, Tel. 07 81 85 40 05.
Das ganze Jahr über pendeln Schiffe und Autofähren zwischen Calasetta auf Sant'Antioco und Carloforte auf San Pietro. Direkte Verbindungen gibt es jeweils auch nach Portovesme/Portoscuso.

Hotels

***L'Eden, Piazza Parrocchia 15/17, Sant'Antioco, Tel. 07 81 84 07 68, Fax 07 81 84 07 69,www.albergoleden.com. Angenehmes, komfortables Hotel an der Kathedrale in der ruhigen Fußgängerzone.

***Stella del Sud, Calasetta, Isola di Sant'Antioco, Tel. 07 81 81 01 88, Fax 07 81 81 01 48, www.hotelstelladelsud.com. Beliebtes und behindertengerecht ausgebautes Sporthotel am Strand im Ortsteil Spiaggia Grande.

**Paola, Carloforte, Isola di San Pietro, Tel. 07 81 85 00 98, Fax 07 81 85 01 04. Mit nur 15 Zimmer zählt das nette Hotel zu den kleineren im Ortsteil Tacca Rossa.

Restaurants

Al Tonno di Corsa, Via Marconi 47, Carloforte, Isola di San Pietro, Tel. 07 81 85 51 06. Terrassen-Restaurant mit lokaler Küche, zu der viel Thunfisch verwendet wird. Sehr gut ist würzig geschmorter Tonno alla Carlofortino.

Da Pasqualino, Via Roma 99, Calasetta, Isola di Sant'Antioco, Tel. 0 78 18 84 73. In der Trattoria kann man typisch ligurische Fischgerichte und sardische Süßspeisen kosten. Hervorragend passen dazu die perfekten Weine, auch der offene Hauswein.

8 Iglesias

Angenehme Bergarbeiterstadt mit abwechslungsreichem Umland.

›Carbosulcis‹ steht zwischen Portovesme und Gúspini überall zu lesen, ist der wichtigste Arbeitgeber der Region. Er betreibt Bauxit- und Zinkminen, früher wurde auch Braunkohle abgebaut, aber das rechnet sich heute nicht mehr. Die meis-

Lieblich und pastoral ist die Gegend um den Tempio di Antas, der während der römischen Kaiserzeit auf einem Hügel nördlich des heutigen Iglesias erbaut wurde

Angesichts der bunten Tropfsteine in der Grotta su Mannau staunt nicht nur der Laie

ten der 30 000 Einwohner von Iglesias leben direkt oder indirekt vom Bergbau. Dabei gleicht die Stadt in 200 m Höhe auf dem **Colle di Buon Cammino** eher einem Luftkurort mit schmucken Häusern sowie dem historischen, 700 Jahre alten und teilweise noch von pisanischen Mauern umgebenen Altstadtkern. Enge Gassen, nette Cafés und Bars sowie kleine Läden laden zum Flanieren ein.

An die pisanische Ortsgründung *Ecclesia* aus dem 13. Jh. erinnert die zu dieser Zeit erbaute Pfarrkirche **Santa Chiara**, deren festungsgleicher Glockenturm rechts des Portals über die Dächer der Altstadt herausragt. Die Fassade mit dem abgetreppten, tief eingeschnittenen Rundbogenfries und der klaren Vertikalgliederung trägt bereits die gotisch-katalanische Handschrift des 16. Jh.

Ausflüge

Unmittelbar nördlich der Stadt steigt die schmale, aber gut ausgebaute Bergstraße in steilen Kehren in das dicht bewaldete Hinterland an. Macchia mit Wildoliven und Korkeichen prägen das Landschaftsbild. Nach etwa 20 km zweigt kurz hinter dem Weiler Sant'Angelo eine schmale, gut 2 km lange Stichstraße nach Osten ab zu den sehenswerten Überresten des **Tempio di Antas** (Sommer tgl. 9–18 Uhr, sonst bis 17 Uhr) aus dem 6.–5. Jh. v. Chr. Die Sarden betrachten diesen römischen Tempel in herrlich einsamer Lage auf einem Hügel im Tal des Antas als Nationaldenkmal. Er ist Sardus Pater Babay geweiht, Bezwinger des Bösen, dem Übervater *Padre Universale*. In vorgeschichtlicher Zeit befand sich an dieser Stelle ein nuraghisches Wasser- und Vegetationsheiligtum. Einen um 500 v. Chr. darüber errichteten, jedoch verfallenen punischen Kultplatz ließ der römische Kaiser Caracalla im 3. Jh. wieder aufbauen. Geht man vom Parkplatz am Fuß des Hügels auf den Tempel zu, erkennt man rechts die harmonische Vorhalle aus massiven Rundpfeilern mit schönen Volutenkapitellen, links davon breitet sich die Haupthalle mit schlichtem, schwarzweißem Mosaikboden aus. Obwohl dieser Tempel seit seiner Wiederentdeckung im Laufe des 19. Jh. von Plünderungen und Zerstörungen nicht verschont blieb, fand man hier bei Grabungen 1966–68 rund ein Drittel aller auf Sardinien entdeckten punischen Inschriften – ein Riesenschatz, nicht nur für die lokale Archäologie!

Fährt man weiter nach Norden, locken bereits nach wenigen Kilometern Schilder zur **Grotta su Mannau** (Sommer tgl. 9.30–18.30 Uhr) im dichten Kork- und Steineichenwald. Es ist wohl die schönste Schauhöhle Sardiniens, die nicht nur Höhlenforscher sondern auch Touristen offensteht. Sie ist Teil eines größeren Höhlenkomplexes bei Fluminimaggiore, zu der auch die Grotta San Pietro gehört. Die 8 km lange Grotta su Mannau selbst ist seit 2003 durch eine Stahltreppe zugänglich, die Tour führt durch imposante Säle, darunter die *Sala Archeologica*, die einst als Kultplatz diente, und zu einigen spektakulären Aussichtspunkten mit Blick auf kleine Teiche glasklaren Wassers, fantastische Sinterterrassen und Stalaktiten, deren Enden nicht immer spitz nach unten zulaufen, sondern sich teilweise stark verzweigen. Angehende Höhlenforscher können sich einer mehrstündigen *Exkursion* (Voranmeldung: Gruppo Grotte Fluminese, Tel. 07 81 58 01 89) in die Tiefen der Höhle anschließen, wo weitere großartige Naturwunder zu entdecken sind.

Wiederum nördlich der Grotte schließt sich die traumhaft schöne Dünenküste von Arbus, die **Costa Verde**, an. Man erreicht sie am besten von Marina di Arbus aus, denn ihr südliches Ende, *Is Arenas*, ist nicht öffentlich zugänglich. Liebhaber feinsandiger Strände genießen nach der mühevollen Anfahrt die weiten hohen Dünen und das herrlich saubere Meer.

Noch gilt die Costa Verde mit ihrer feinsandigen Dünenkette als Geheimtipp, doch Pläne zur touristischen Erschließung des zauberhaften Küstenstreifens liegen bereits vor

9 Barumini und Su Nuraxi

Plan Seite 40

4000-jähriges grandioses Beispiel nuraghischer Baukunst.

Aus der sanft gewellten Ebene der **Marmilla** ragt auffällig der 274 m hohe ebenmäßige Kegelberg Las Plássas auf. Zu den zwei Turmruinen des *Castello di Marmilla* auf seinem Gipfel kann man gemächlich hoch wandern. Von oben ist ein weiter Rundblick garantiert.

4 km nördlich liegt das Dörfchen Barumini an der SS 197. Der Name ist gleichbedeutend mit der einzigen, dafür aber

Unübersehbar weist in der brettflachen Landschaft der Marmilla der ebenmäßige, kegelförmige Berg Las Plássas den Weg zum Nuraghendorf Su Nuraxi in seinem Norden

Nuraghen – frühe Sarden und ihre Steintürme

Die Wehrtüchtigkeit einer Nuraghen-Festung lässt sich in Su Nuraxi bei Barumini sehr gut nachvollziehen. Ursprünglich, um 1460 v. Chr., stand auf einer leichten Erhebung in der Ebene nur ein dreistöckiger, sich verjüngender **Rundturm [A]** aus massigen Basaltblöcken. An der Basis ist er nach wie vor 10 m breit, und war wohl einmal 19 m hoch. Nachdem das obere Stockwerk einstürzte, ragt er heute noch 15 m hoch auf. Das genügt, um von der über Treppen und Leitern erreichbaren Spitze einen hervorragenden Überblick über die Anlage zu gewinnen.

Ringsum wurde im 13./12. Jh. v. Chr. eine einstöckige, 14 m hohe, etwa kleeblattförmige **Bastion [B]** mit vier runden Ecktürmen errichtet. Die 14 m hohen Mauern umschlossen den ersten Mittelturm und einen 56 m² großen Innenhof mit **Brunnen [C]**, der die Festung im Fall von Angriffen für längere Zeit mit dem lebenswichtigen Wasser versorgte und damit autark machte. Die Ecktürme mit ihren zahlreichen Schießscharten erreicht man heute wie damals durch enge Korridore über den Innenhof. In einer dritten, von der Datierung her unsicheren Bau-

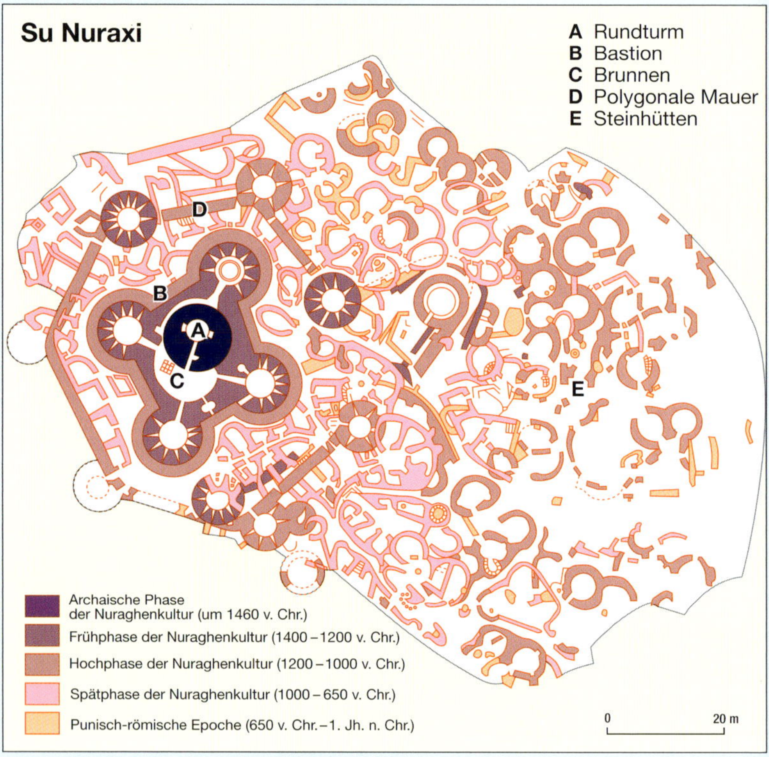

TOP TIPP außergewöhnlichen Attraktion des Ortes rund 1 km westlich, **Su Nuraxi** (Tel. 0 70 66 92 55, Sommer tgl. 9–20 Uhr, sonst tgl. 9–18 Uhr), der größten Nuraghensiedlung Sardiniens. Um einen im 2. Jahrtausend v. Chr. errichteten Festungsturm gruppierten sich in mehreren Bauschüben bis 650 v. Chr. eine Burg und mehrere, einander überlappende Dorfanlagen. Das gesamte, knapp 1000 m² große Areal wurde 1951–56 vollkommen ausgegrabenen und steht seit 1998 unter UNESCO-Schutz.

Giara di Gesturi

Das Dorf **Gesturi** ist zwar nett, aber auch unspektakulär. Auffällig sind höchstens die großen Innenhöfe, deren Kieselstein-

Einst standen die steinernen Rundbauten von Su Nuraxi dicht an dicht, heute können Besucher über die erhaltenen Grundmauern hinweg sehen und bewahren so den Überblick

phase, verstärkten die Nuragher ihre Festung und umgaben sie mit einem Vorwerk. Diese 10 m hohe **Polygonale Mauer [D]** besaß sieben kleinere Rundtürme. Wie die bereits bestehenden waren auch diese nur über einziehbare Leitern zu betreten, denn die Eingänge lagen erst auf halber Höhe der massigen Verteidigungsbauten.

Im Schutz der Burg hatten ab 1000 v. Chr. immer mehr nuraghische Bauern dicht an dicht ihre strohgedeckten **Steinhütten [E]** errichtet. Als gegen 650 v. Chr. Karthager die Anlage einnahmen, waren es mehr als 200 einzelne Konglomerate, jeweils gegliedert in 6–7 kleinere, runde Räume. Sie scharten sich um einen Innenhof, der nur einen einzigen Zugang hatte, so dass die gesamte Großfamilie leicht beschützt werden konnte. Die vom Innenhof abgehenden Haupträume sind an den umlaufenden Steinbänken zu erkennen. Sie enthielten meist auch Backofen, Mühlstein und Mörser. Die Hütten hatten keine Fenster, da sich ihre Bewohner meist im Freien aufhielten und die festen Gebäude hauptsächlich zum Schlafen oder bei schlechtem Wetter aufsuchten.

pflaster kreisrunde Aussparungen für Zitronenbäume aufweisen, die liebevoll gepflegt werden, und die Murales.

Der Ort liegt am Fuß des 12 km langen, 4 km breiten und 530–609 m hohen **Basaltplateaus** der Giara di Gesturi. Die gesamte rund 50 km² große, kräuterduftende Hochebene steht unter Naturschutz. Sie ist die Heimat der kleinen **Wildpferde** (*Cavallini della Giara*), die den Schutz der schwer zugänglichen Lage, der dichten Stein- und Korkeichenwälder sowie der Sumpfwiesen nutzen. Man bekommt die scheuen Tiere nur selten zu sehen. Deshalb gehen die meisten Besucher ab dem Parkplatz am Rand der Giara einfach spazieren, genießen die Natur und besichtigen einige frei zugängliche Nuraghen.

Oristano und der Westen – Tummelplatz der Völker

Zahlreiche Siedler und Eroberer sah der Westen Sardiniens im Laufe der Jahrtausende. Westlich der sympathischen Provinzmetropole **Oristano** am gleichnamigen Golf bilden die weitläufigen Ausgrabungen der phönizisch-punisch-römischen Siedlung von **Tharros** einen archäologischen Höhepunkt. Das Brunnenheiligtum **Santa Cristina** weiter südöstlich, an dem heute christliche Pilger beten, diente bereits den Nuraghern vor 4000 Jahren als Kultstätte.

Von besonderem Zauber ist das mittelalterliche Städtchen **Bosa** am Unterlauf des Temo. Landschaftlich außerordentlich reizvoll ist die anschließende kurvenreiche Fahrt durch das waldreiche Bergland von **Santu Lussurgiu** in das ebenso pittoreske **Cuglieri**. Rings um **Macomer** stehen zahlreiche gut erhaltene vor- und frühgeschichtliche Festungstürme, daneben wunderschöne romanische Kirchen und **Domus de Janas**, Feenhäuser, wie die nuraghischen Wandgräber im Fels poetisch genannt werden.

10 Oristano

Plan Seite 44

Bekannt für seine Richterin Leonora von Arborea und den wundervollen Hausstrand.

Oristano wurde 1974 als vierte Provinz Sardiniens um die gleichnamige Stadt an der zentralen Westküste angelegt und bei der Neueinteilung der Insel in acht Verwaltungsbezirke 2005 durch Gebiete um die Stadt Bosa erweitert: mehr als 3000 km² Land mit über 100 km Küstenlinie, davon etwa 53 km Sandstrände, für fast 180 000 Einwohner. Die **Provinzhauptstadt** Oristano (32 000 Einw.) gilt als Landwirtschaftszentrum, fast alle Zitronen und Orangen der Insel stammen aus dieser Gegend, ebenso Artischocken, Mandeln, Bergamotten. Die Zuckerrübenverarbeitung von Oristano deckt den gesamten Zuckerbedarf Sardiniens. Trotz ausgedehnter, niedriger Neubauviertel macht die Handels- und Bischofsstadt einen properen Eindruck und lockt mit guten Einkaufsmöglichkeiten, vor allem in der großzügigen Fußgängerzone.

Großartige Aussichten für Forscher und Entdecker – das Ausgrabungsgelände von Tharros ist ein archäologisches Highlight in schönster Lage

Geschichte Die Stadt nördlich der fischreichen Lagune *Stagno di Santa Giusta* wurde 1070 als *Aristanis* gegründet. Damals verlegte der Richter Onroccus d'Arborea den Sitz des **Judikats Arborea** vom küstennahen Tharros an den geschützteren Platz im Landesinneren. Die Mitglieder der Richterfamilie regierten das sardische Kleinkönigreich mehrere Jahrhunderte lang. Zu voller Blüte führte es die kluge **Eleonora d'Arborea**, die 1383 das Richteramt und 1388 das Judikat übernahm und bis zu ihrem Tod 1404 innehatte. Noch bis 1827 blieb das von ihr 1392 verfasste Gesetzeswerk **Carta de Logu** in Kraft, das als erster schriftlich niedergelegter Kodex Sardiniens Rechtssicherheit schaffte. Ihre Nachfolger waren allerdings weniger erfolgreich und zur Zeit der Piemonteser zu Beginn des 18. Jh. war das frühere Judikat Arborea völlig verarmt und heruntergekommen. Erst nachdem 1946–49 die sumpfigen Niederungen im Süden der Bucht von Oristano trockengelegt worden waren, erwachte die Stadt zu neuem Leben. Als wirtschaftliche Krönung gilt der erst in den 80er-Jahren des 20.Jh. angelegte **Industriehafen** 5 km südwestlich von Oristano.

Besichtigung Oristano ist eine angenehme Provinzhauptstadt mit recht städtischer Atmosphäre, dabei jedoch kein bisschen hektisch, sondern geradezu gemütlich. Kommt man auf der S.S. 131 von Süden, folgt man am besten dem leicht erkennbaren Stadtring nach Norden zur **Piazza Roma** ❶. Der Platz am Rande der kleinen, schmucken Altstadt ist nicht zu verfehlen, wird er doch durch die hoch aufragende **Torre Mariano II** markiert. Die Bewohner Oristanos nennen den mächtigen Wachturm, der 1291 als Teil der Stadtmauer erbaut wurde, einfach *Porta Manna*, ›das große Tor‹. Den zum Zentrum hin offenen Turm passiert man durch einen hohen gotischen Spitzbogen.

Unmittelbar südlich der Torre Mariano II beginnt mit dem **Corso Umberto I** ❷ die angenehme Fußgängerzone von Oristano, deren schattige Arkaden und modische Boutiquen zu einem Einkaufsbummel einladen. Die Geschäftszeile mündet in die freundliche **Piazza Eleonora d'Arborea** ❸, sozusagen das Herz der Stadt. Der längliche Platz wurde Ende der 1990er-Jahre erneuert und mit Palmen geschmückt, die größtenteils barocken Fassaden ringsum aufgehellt. Am östlichen Rand erweist das weiße **Monumento di Eleonora d'Arborea** aus dem 19. Jh. der sardischen Nationalheldin Reverenz. Selbstbewusst steht die verehrte Richterin auf einem übermannshohen, von vier Löwen geschmückten Sockel, den rechten Zeigefinger mahnend erhoben. Die auffällige Fassade an der Nordseite des Platzes gehört zum 1999 vollständig sanierten **Palazzo Comunale**. Das Rathaus nutzt den lang gestreckten klassizistischen *Palazzo degli Scolopi*, der im 17. Jh. eigentlich als Kloster mit Kirche auf ovalem Grund erbaut wurde.

Im Westen geht die Piazza Eleonora in die Via Duomo über, an der auch der 1838 klassizistisch rekonstruierte Zentralbau der Kirche **San Francesco** ❹ liegt. Er bildet zusammen mit der Kathedrale im Süden, einem Priesterseminar sowie dem Bischofspalast das sakrale Zentrum der Stadt. Großartig ist in der ansonsten recht schmucklosen Kirche das *Nikodemus-Kruzifix*, das ein unbekannter katalanischer Meister wohl Ende des 15. Jh. schuf. Schwer hängt die Christusfigur am Kreuz und wirkt durch ihr schmerzverzerrtes Gesicht außerordentlich eindringlich.

Sozusagen auf der Rückseite von San Francesco erhebt sich auf der Piazza Duomo die sandfarben verputzte Fassade des **Duomo Santa Maria** ❺ (jeweils vor und nach der Messe, 8 und 11 Uhr). Aus der Entstehungszeit der kuppelgekrönten Kirche im 14. Jh. ist wenig erhalten, denn

Der Ehrenplatz im Zentrum der Piazza Eleonora d'Arborea von Oristano gebührt dem Denkmal der klugen Richterin

sie wurde um 1733 grundlegend barockisiert. Damals entstand auch der obere Teil des achteckigen *Campanile*, weshalb seine glasierte Zwiebelhaube und die Masken aus rotem Trachyt darunter etwas deplatziert wirken. Um 1830 wurde das Querschiff der Kirche neoklassizistisch umgestaltet.

Tritt man durch das Hauptportal in den Dom, findet man in der ersten Kapelle rechts eine etwa 1,5 m hohe, farbig gefasste sehr anmutige Holzstatue der *Maria Annunziata*. Die Verkündigungsmadonna wird dem Toskaner Nino Pisano (14. Jh.) zugeschrieben. Von der Barockisierung verschont blieb die *Cappella del Remedio* rechts vom Hauptchor, am hohen Kreuzrippengewölbe deutlich als gotisch zu erkennen. Unter den Kostbarkeiten der Steinmetzkunst sind die bei-

Eine interessante Kombination von Baukörpern und -formen stellen der Duomo Santa Maria und sein Campanile dar

Politik in Frauenhand

Es war 1383 nicht üblich, weibliche Richter einzusetzen – **Eleonora d'Arborea** (1340–1404) übernahm dieses erbliche Amt sowie 1388 die Führung des Judikats Arborea ursprünglich auch ›nur‹ als Vormund ihres minderjährigen Sohnes. Sie war die Tochter des mächtigen sardischen Richters Mariano IV. und der Timbora di Roccaberti. Wie ihr Vater paktierte auch Eleonora mit den Genuesen gegen die Katalanen auf Sardinien. Aus politischen Gründen ehelichte sie Brancaleone Doria, dessen Familie Genua lange Zeit regieren sollte. Dank Eleonoras geschickter Regentschaft hatte das Judikat Arborea wenig unter den mächtig gewordenen Aragonesern zu leiden und bis heute wird die willensstarke Diplomatin wie eine **Nationalheilige** verehrt, nicht nur in Oristano.

Allgemeine und über ihren Tod hinaus reichende Anerkennung verschaffte sich Eleonora mit ihrem 1392 erlassenen, auf sardische Belange zugeschnittenen Gesetzbuch **Carta de Logu**. Mit diesem vorausblickenden Werk führte die Landesmutter ein einklagbares Zivilrecht ein, verbot die Folter zum Zweck der Wahrheitsfindung und räumte den Frauen auch offiziell Rechte innerhalb der Ehe ein.

In der Person der Eleonora d'Arborea bündelten sich die **sardischen Unabhängigkeitsbestrebungen** gegen die katalanischen Eroberer. Als die Hoffnungsträgerin der Sarden 1404 an der Pest starb, konnte niemand diese Aufgabe übernehmen. 1410 endete das Judikat Arborea und Sardinien wurde für mehr als 400 Jahre Teil des Königreichs Spanien. Das politische und soziale **Vermächtnis** der Eleonora d'Arborea jedoch lebte bis in die Neuzeit hinein weiter: Bis 1827 behielt die Carta de Logu ihre Gültigkeit.

den marmornen Chorschranken, die wohl um 1400 in Oristano geschaffen wurden, besonders erwähnenswert. Sie zeigen je drei Reliefbilder, u. a. hinten in romanischem Stil die Szenen ›Daniel in der Löwengrube‹ und ›Zwei Löwen reißen Hirschkälber‹.

Zurück über die Piazza Eleonora gelangt man nordwärts zur netten Piazzetta Giuseppe Corrias, an der sich in einem klassizistischen Stadtpalast das TOP TIPP **Antiquarium Arborense** 6 (Tel. 07 83 79 12 62, tgl. 9–14 und 15–20 Uhr) als modernes, didaktisch hervorragend aufgebautes Kleinod der sardischen Museumslandschaft präsentiert. Auch Wechselausstellungen finden in dem Komplex statt, doch im Mittelpunkt steht die reiche *archäologische Sammlung* mit Funden aus Oristano und von der Halbinsel Sinis. Dazu gehören *Bronzetti*, z. B. Votivschiffchen mit Hirschkopf oder kleine Tierfiguren, Tongefäße aus der Nuraghenzeit, byzantinische Fibeln und Lanzenspitzen ebenso wie römische Vasen und weitere Keramikgegenstände. Interessant ist auch das Modell des antiken Tharros [Nr. 11], eine Rekonstruktion nach Ausgrabungsergebnissen, Felder, Aquädukt und Hafen inbegriffen. Von dieser Ausgrabungsstätte sind ca. 30 cm hohe gläserne Henkelfläschchen ausgestellt, fein gearbeiteter Metallschmuck aus Cabras rundet das Bild ab.

Eine stillende Madonna zeigt das Retablo San Martino im Antiquarium Arborense

Die kühl temperierte *Sala Retabli* kann als Schatzkammer Oristanos gelten, birgt sie doch die kostbarsten Tafel- und Ölbilder aus Kirchen der Stadt. Aus San Francesco etwa stammen Pietro Cavaros Predella mit fünf Heiligen und Engeln sowie vier Tafelbilder mit je zwei Heiligen, jeweils 1533 gemalt. Ein anonymer katalanischer Meister des 15. Jh. schuf das Retablo *San Martino* aus der heutigen Sala del Consiglio, dem Ratsherrensaal des Rathauses. Es zeigt links eine anmutige Madonna und rechts den berittenen hl. Martin, der gerade seinen Mantel teilt.

Ein Bummel durch die malerischen engen Gassen nach Osten führt zu Resten der ehem. Stadtmauer am Altstadtrand nahe der Piazza Mariano, der **Torre Portixedda** 7 (Di–So 10–12 und 16–18 Uhr). Die dicken Steinmauern des gedrungenen Turms wachsen aus einem mächtigem Steinsockel empor. Darin öffnen sich nur drei Schießscharten, in der Form großen Schlüsseln ähnlich.

Die Kirche **Santa Giusta** 8 im gleichnamigen südlichen Vorort thront auf einem Hügel am *Stagno* und gilt als eines der schönsten Beispiele sardisch-romanischer Architektur. Von pisanischem Einfluss zeugt die deutliche Dreiteiligkeit der um 1140 entstandenen Basilika sowie die klare Gliederung durch stark betonte Lisenen und Rundbogenfriese. Eher lombardisch ist die starke Erhöhung des Chorraumes, der Platz ließ für eine hohe Krypta, die durch kleine Fenster im unteren Bereich der Apsis Licht erhält. Ihre Säulen stammen z. T. wie diejenigen des Hauptschiffes aus dem nahen Tharros.

6 km westlich des Stadtzentrums liegt der herrliche Sandstrand von **Marina di Torre Grande** 9, benannt nach dem wuchtigen Turm am Meeresufer, der *Torre Grande*. Hierher kommt man zum Schwimmen und Flanieren, man genießt den Sonnenuntergang und die feine Fischküche der Restaurants am Strandboulevard. Vor den einladenden Lokalen breitet sich im Süden der ruhige *Golfo di Oristano* aus. Im Norden sieht man die flachen Wasser des 23 km^2 großen *Stagno di Cabras*, im Westen schiebt sich die Halbinsel Sinis ins Blickfeld.

i Praktische Hinweise

Information

EPT, Piazza Eleonora d'Arborea 19, Oristano, Tel. 0 78 33 68 31, Fax 07 83 68 32 106, www.comune.oristano.it

Seit Ende des 13. Jh. bewacht die massige Torre Mariano II die Altstadt von Oristano

Bus

ARST, Via Cagliari 102, Tel. 0 78 37 80 01

Pani Autolinee, Via Lombardia 30, Tel. 07 83 21 22 68

Hotels

******Mistral 2**, Via XX Settembre, Oristano, Tel. 07 83 21 03 89, Fax 07 83 21 10 00. Paradehaus der Stadt mit Swimmingpool.

*****Villa delle Rose**, Piazza Italia 5, Oristano, Tel./Fax 07 83 31 01 01. Freundliches Stadthotel im Zentrum.

*****Del Sole**, Via Duca degli Abruzzi, Marina di Torre Grande, Oristano, Tel. 0 78 32 20 00, Fax 0 78 32 22 17. Ferienhotel mit Swimmingpool und hauseigenem Strand.

Restaurants

Die meisten Restaurants Oristanos bleiben So geschlossen, nicht jedoch die an der Strandpromenade in Marina di Torre Grande.

Il Faro, Via Bellini 25, Oristano, Tel. 0 78 37 00 02. Kleines, besonders abends teures Restaurant in Jugendstilambiente mit feiner sardischer Küche, frischem Fisch und hervorragender Weinauswahl.

La Forchetta d'Oro, Via Giovanni XXIII, Oristano, Tel. 07 83 30 27 31. Preiswertes Lokal mit kräftigen einheimischen Gerichten.

11 Tharros

An den sanften Hängen am Meer siedelten Phönizier, Karthager und Römer.

Westlich von Oristano liegt die 20 km lange Halbinsel Sinis wie eine breite Nehrung vor der Küste. Ihre Südspitze verengt sich abrupt auf max. 100 m und endet nach etwa 2,5 km am leuchtturmbewehrten **Capo San Marco**. Auf diesem südlichen Ausläufer liegt Tharros, die bedeutende **Ruinenstätte** (Tel. 0 78 37 41 91, Sommer tgl. 9–20 Uhr, sonst bis 17 Uhr; auch Führungen).

Geschichte Fischreiche Lagunen, Meeresbuchten als natürliche Ankerplätze sowie das fruchtbare Hinterland machten die Halbinsel schon für die **Nuragher** attraktiv, die von hier aus Seehandel trieben, wie Funde zyprisch-mykenischer Keramikstücke (12./11. Jh. v. Chr.) beweisen. Ab dem 8. Jh. v. Chr. entstand auf der äußersten Südspitze eine **phönizische Handelsniederlassung**. In der Mitte ihrer Siedlung lag eine Akropolis, an der Westküste ein Tempel und auf der Anhöhe an der gegenüberliegenden Ostküste eine Nekropole. Ihren Tophet bauten die Phönizier auf einem Hügel im Norden. In **punischer Zeit** (6./5. Jh. v. Chr.) hatte sich der Ort Tharros etwas nach Norden verschoben, und war zu einer bedeutenden Hafen- und Handelsstadt herangewachsen. Das belegen die 120 m lange Mole aus großen Quadersteinen im klaren Wasser vor der Ostküste sowie neben kunstfertigen Gold- und Silberarbeiten auch zahlreiche Keramikfunde aus dem gesamten Mittelmeerraum. 215 v. Chr. siegten die **Römer** in einer blutigen Schlacht über die Punier von Tharros. Die Stadt wurde im römischen Sinne umgestaltet, erhielt etwa akkurat ausgerichtete, mit schwarzen Basaltplatten gepflasterte Straßen, Wasserleitungen und eine Kanalisation. Bis zur späten römischen Kaiserzeit erblühte Tharros. Dann begann der langsame **Niedergang**, der im 11. Jh. schließlich aufgrund der vielen Sarazenenüberfälle in der Aufgabe der Stadt gipfelte.

So beeindruckend die Anlage heute noch ist, litt Tharros doch darunter, dass bereits die Menschen des Mittelalters es als **Steinbruch** benutzten. In die Kathedrale Santa Giusta [s. S. 47] südlich von Oristano wurden beispielsweise einige der römischen Kapitelle eingebaut. Was an bedeutsamem Mauerwerk im 19. Jh. noch stand, transportierte der passionierte englische Sammler **Lord Vernon** nach London ins British Museum ab, als er hier 1851 erstmals den Spaten für Grabungen ansetzte. Arme Lagunenfischer plünderten die Nekropole, verkauften die wertvollen **Grabbeigaben** aus Gold und Silber oder schmolzen sie kurzerhand ein. Außer den zahlreichen Urnen des Tophet blieben nur einige wenige Stücke erhalten, darunter das phönizische Armband im ägyptischen Stil mit Horus-Abbildung aus dem 7./6. Jh. v. Chr., das nun im Museo Archeologico Nazionale von Cagliari [s. S. 21] zu sehen ist.

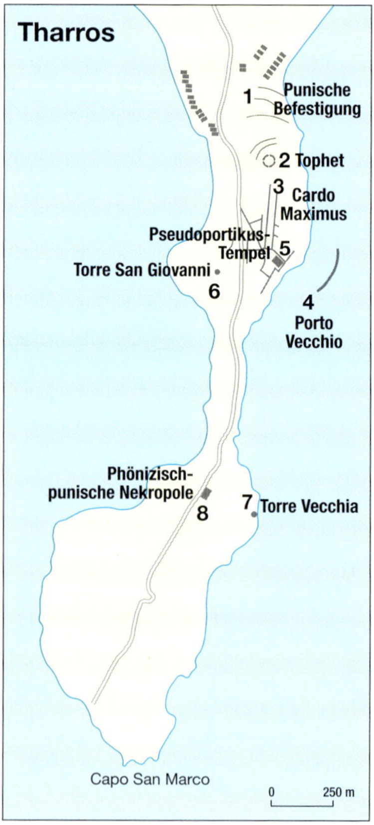

Besichtigung Im Sommer säumen eng stehende Souvenirbuden das kurze Wegstück vom ausgewiesenen Parkplatz bis zum Eingang des eingezäunten Tharros. Noch außerhalb des ausgedehnten, leicht ansteigenden Grabungsareals liegen links der Zufahrtstraße Reste der **Punischen Befestigung [1]** aus behauenen, großen Sandsteinblöcken. Auf einem

Im 3. Jh. v. Chr. legten die Römer die Straße Cardo Maximus an. In der Mitte des dunklen Basaltpflasters verläuft ein Kanal, über den Tharros mit Frischwasser versorgt wurde

kleinen Hügel südlich befindet sich das **Tophet [2]**. Zu seinen Füßen beginnt die dunkelsteinige römische Straße **Cardo Maximus [3]**, an der Wasserleitungen und Abwasserkanäle gut zu erkennen sind. Sie führt vorbei an den teilweise im Golfo di Oristano versunkenen Anlagen des **Porto Vecchio [4]**, des alte Hafens, und endet vor den Resten des **Pseudoportikus-Tempel [5]** aus dem 4. Jh. v. Chr. Dessen Basis wurde aus gewachsenem Fels gemeißelt, ihre kannelierten dorischen Halbsäulen wirken überaus wuchtig.

Im Westen erhebt sich auf einem Hügel die mächtige runde **Torre San Giovanni [6]**, ein im 17. Jh. errichteter Wehrturm, von dem man einen guten Überblick über die gesamte Anlage von Tharros hat. Im Süden verengt sich die Halbinsel zu einem ca. 100 m breiten Isthmus. Unmittelbar nach dem Engpass liegen an der Ostküste nahe des zweiten Sarazenenturms namens **Torre Vecchia [7]** Steine der phönizisch-punischen Hafenanlagen. Etwas mehr als 100 m landeinwärts befand sich die **Phönizisch-punische Nekropole [8]**.

San Giovanni di Sinis

Kurz vor dem Grabungsgelände von Tharros ist die kleine **Kuppelkirche** San Giovanni di Sinis links an der Zufahrtstraße nach jahrzehntelangen Restaurierungsarbeiten nun zeitweise wieder zugänglich (Anschlag an der Pforte). Das in mehreren Epochen entstandene Gotteshaus hat etwas Rührendes an sich, was vielleicht an den drei niedrigen, von Tonnengewölben abgeschlossenen Schiffen liegt. In den dicken Stützwänden (11. Jh.) aus schweren Kalksandsteinblöcken fehlen große Fenster. Das Portal ist winzig und schlicht ausgefallen, ein einfaches Rechteck mit einer länglichen oktogonalen Lichtöffnung darüber. Eine steinerne Vierungskuppel überwölbt den ältesten Teil (5./6. Jh.) der kargen, ursprünglich byzantinischen bzw. vorromanischen Kir-

Ein romanisches Taufbecken ziert den kargen Innenraum von San Giovanni di Sinis

che. Das Hauptschiff stützte sich einst auf wuchtige Mauerpfeiler, die im 10./11. Jh. durchbrochen wurden, als man mit Steinen aus dem nahen Tharros die Seitenschiffe hinzufügte.

Im 5. Jh. gegründet, gilt San Giovanni di Sinis als die älteste Kirche Sardiniens

San Salvatore

Ebenfalls auf der Sinis-Halbinsel liegt Richtung Putzu Idu in den Gemüsefeldern der **Wallfahrtsort** San Salvatore. Er besteht im Wesentlichen aus Pilgerzellen und -häuschen, die inzwischen auch an Wochenenden und im Sommer als Zweitwohnsitz genutzt werden. Sie gruppieren sich um die zweischiffige, gedrungene und schlichte Kapelle **San Salvatore** (Tel. 34 78 18 40 69, Mo–Sa 9.30–13 und 15.30–18 Uhr). Im Rahmen einer Restaurierung wurde 1976 ein unter dem Hauptschiff liegendes nuraghisches Wasserheiligtum freigelegt, das man über eine Treppe vom linken Kirchenschiff aus betritt. Am Ende eines langen Bogenganges öffnet sich unter einem Gewölbe das eigentliche Heiligtum mit rundem Brunnenschacht und einfachem steinernem Altartisch. In den ringsum liegenden, ebenfalls überwölbten Nebenräumen sind noch einige schwarz-graue Zeichnungen erkennbar wie ein Wildpferd oder drei byzantinisch anmutende Gestalten, zwei davon mit Kronen. Archäologische Funde belegen, dass die heilige Stätte auch von Puniern und Römern besucht wurde, die sich hier Heilung von Krankheit erhofften.

Noch heute wird am ersten Wochenende im September nach San Salvatore gewallfahrtet. Dann bleibt keines der Häuschen leer, Süßigkeiten werden verkauft, Gegrilltes verbreitet einen unwiderstehlichen Duft. Zur Tradition gehört

Überwölbte Wasserbecken, schattige Arkaden, bunte Fresken – noch angesichts der Ruinen kann man sich den einstigen Reiz der Terme Romane von Fordongiánus vorstellen

die **Corsa dei Scalzi**, der ›Lauf der Barfüßigen‹. Weiß gekleidete junge Männer bringen im Eilschritt eine Christusstatue aus der Pfarrkirche des 8 km entfernten Fischerdorfes Cabras nach San Salvatore und nach einer Messe wieder zurück. 1506 begründeten Frauen des Dorfes dieses Rennen, als San Salvatore von Piraten bedroht wurde.

i Praktische Hinweise

Restaurant

Sa Funtà, Via Garibaldi 25, Cabras, Tel. 07 83 29 06 85. Ausgezeichnetes Fischlokal mit traditioneller, doch raffiniert zusammengestellter Küche (So geschl.).

12 Fordongiánus

Römer, Byzantiner und Katalanen prägten den reizenden Wasserkurort.

Von Oristano aus ostwärts folgt die SS 388 dem Lauf des **Tirso**, Sardiniens längstem und wasserreichstem Fluss, der mehrfach gestaut wurde. Er durchfließt die Ebene des nördlichen **Campidano**, vorbei an Eukalyptuswäldchen, Weingärten und Getreidefeldern. Nach knapp 30 km verengt sich das Flusstal, die Straße windet sich nun zwischen steilen Felswänden aus rotem Trachyt aufwärts ins Bergland der *Barbágia*.

An ihren westlichen Ausläufern liegt das beschauliche Städtchen Fordongiánus, das von seiner lang zurückreichenden Geschichte kaum Aufhebens macht. Dabei besitzt es aus seiner Zeit als römisches Militärlager *Forum Traiani* (1. Jh. v. Chr.) mit den **Terme Romane** (Sommer tgl. 9.30–13 und 15.30–19.30 Uhr) unmittelbar am Fluss eine ausgedehnte, geradezu luxuriöse Thermenanlage. Dazu gehören sieben fast vollständig erhaltene bzw. rekonstruierte Becken des *Calidarium* (Warmwasser) mit noch sichtbaren Ansätzen eines einstigen Tonnengewölbes darüber und die beiden Becken des *Refrigidarium* für Kaltwasser. Gut erhalten sind auch ein überdeckter Wandelgang, tönerne Wasserkanäle, Brunnen und weitere Räume, einer mit Freskenresten, auf denen zwei rötliche Pferde in Galopp zu erkennen sind. Noch heute sprudelt aus einer Quelle unter der römischen Therme 56 °C heißes Wasser. Ein Stück flussabwärts beträgt die Wassertemperatur in der, seit 2005 in eine Hotelanlage eingegliederten, aber öffentlich zugänglichen **Terme Sardegna** (Tel. 0 78 36 00 37, www.termesardegna.it, tgl. 9–19 Uhr) noch 42–46 °C.

Die Casa Aragonese in Fordongiánus bestícht durch originelle bauliche Details

Wunderschöne architektonische Zeugnisse sind aus aragonesischer Zeit erhalten, z. B. die Stadtbücherei, die in der 1982 restaurierten **Casa Aragonese** (Tel. 0 78 36 01 57, Di–So 9.30–13 und 15.30–19.30 Uhr, Kombiticket mit Terme Romane), auch *Casa Madeddu* genannt, aus dem 15./16. Jh. untergebracht ist. Ihre Vorhalle stützt sich auf sieben Rundpfeiler mit Seilornamenten und Blattkapitellen, in der Mitte öffnet sich ein Portal mit zweifach abgetrepptem Gewände, darüber ein angespitzter Rundbogenfries mit der Muschel des hl. Jakobus. Die Fenster sind, typisch für die profane spanisch-gotische Architektur der Zeit, fast quadratisch und ihre plastische Umrandung ist bemerkenswert fein ausgearbeitet.

Es fällt auf, wie sehr in den Dörfern dieser Gegend auf die Erhaltung der vielfältigen **Dialekte** Wert gelegt wird. Zum Beispiel nennt man *Piazza* in Fordongiánus *Pratza*, in Ula Tirso sagt man *Bené Enidos* für Willkommen, und Auf Wiedersehen heißt *Adiosu*.

13 Santa Cristina

Nuraghisches Brunnenheiligtum neben Freizeitvergnügen in einem Olivenhain.

Mit ein Grund für die Beliebtheit von Santa Cristina ist sicherlich, dass kein anderes nuraghisches **Brunnenheiligtum** auf Sardinien so einfach zu erreichen ist. Anschaulich rekonstruiert, liegt es unmittelbar an der Schnellstraße S. S. 131 Carlo Felice bei Km 114 südlich von Paulilatino. Außerdem entstand rings um das benachbarte unscheinbare Kirchlein *Santa Cristina* mit zugehörigen Pilgerhäuschen (*cumbessias*) ein gepflegter **Erholungspark** mit Spazierwegen, Schaukeln und Picknickplatz. Er wird, vor allem an den Wochenenden, von sardischen Familien mit vielen Kindern bevölkert. Die gesamte Anlage beschatten uralte **Olivenbäume**, die mit ihren knorrigen Stämmen und den silbernen Blättern sicher mit dazu beitragen, diesem angenehmen Ort etwas Besonderes, Beruhigendes zu verleihen.

Ohne Mörtel ist die ringförmige Mauer um den Brunnen von Santa Cristina errichtet

In der Bar am Picknickplatz entrichten Besucher das Eintrittsgeld für den **Pozzo Sacro** (Sommer tgl. 9–21 Uhr, sonst tgl. 9–17 Uhr), den ›heiligen Brunnen‹, der 1500–1200 v. Chr. angelegt wurde. Eine niedrige Mauer kennzeichnet die **Brunnenanlage**. Eine zweite, innere Mauer zeigt die Umrisse eines Schlüssellochs und bildet damit die Form des darunter in der Erde liegenden Heiligtums ab. 25 perfekt aus Sandstein geschlagene Stufen führen zwischen säuberlich aufgeschichteten Wandquadern abwärts. Die sorgfältig behauenen Steine wurden entlang des Zugangs treppenartig verschoben, wie man es von den allerdings viel gröberen Nuraghenfestungen her kennt. Nach demselben Prinzip ist der kleine kreisförmige Raum unten mit einem falschen Gewölbe überkuppelt, das oben in einer runden Lichtöffnung endet. Durch diese fallen Sonnenstrahlen auf die Wasseroberfläche des Brunnens, der in Form eines Schlüssellochs eingefasst ist. Bei dem Heiligtum fand man neben nuraghischen auch phönizische Bronzestatuetten, punische Tonfigürchen und Räuchergefäße für den Demeterkult. Selbst moderne Besucher berührt die eigenartige Magie des Ortes.

Rund 100 m nördlich finden sich die Reste eines *Nuraghendorfes* aus derselben Zeit, zu erkennen sind noch Grundmauern von Versammlungshütte und Wehrturm.

Nuraghe Losa

Ca. 4 km nördlich von Paulilatino erhebt sich beim Dorf **Abbasanta** westlich der *Carlo Felice* der 13 m hohe Nuraghe Losa. Der **Festungsturm** gehört zu einer um 1000 v. Chr. erbauten **Nuraghensiedlung** (Sommer tgl. 9–13 und 14–19 Uhr, sonst tgl. 10–17 Uhr) und war ursprünglich dreistöckig angelegt. Das noch komplett erhaltene zweite Geschoss ist über eine Rampe erreichbar, der Zugang zum dritten, nur fragmentarisch erhaltenen, ist aus Sicherheitsgründen untersagt. Zwei niedrigere Nebentürme aus dem 8./7. Jh. v. Chr. sind ebenfalls nur teilweise erhalten. Das Kraggewölbe des rechten Turmes läuft oben fast spitz zu. Aus punischer Zeit (6. Jh. v. Chr.) stammen einzelne Vorbauten und zyklopische Ringmauern mit Wachnischen und Schießscharten sowie Dreiecksbastionen um die Anlage.

Ein kleiner **Ausstellungsraum** innerhalb der Anlage dokumentiert die Fülle der Nuraghendörfer und -festungen in diesem Gebiet rings um Abbasanta. Außerdem werden einige Keramiken mit geometrischen Gravuren aus dem Nuraghen Losa präsentiert.

Großes handwerkliches Können verrät der exakt gearbeitete Abgang zum Pozzo Sacro

14 Santu Lussurgiu

Im tiefen Grün der Eichenwälder verstecktes Dorf mit nahen Thermalquellen.

An der östlichen, zerklüfteten Wand des bis auf 1050 m aufsteigenden Vulkans *Monte Ferru* liegt der **Handwerker- und Bauernort** Santu Lussurgiu, eingebettet zwischen das tiefe Grün hoher alter Laubbäume an den Hängen der Hochebene *Altopiano di Abbasanta* und den weiten Weiden der niedrigeren Ebene, auf denen Rinder und Pferde grasen. Zauberhaft ist die Lage des mit Eingemeindungen 3000 Einwohner zählenden Dorfes, geprägt von Akazien, Maulbeerbäumen, Linden und Olivenhainen. Hohe Kastanienbäume beschatten den traulichen Hauptplatz vor der Kirche **Santa Maria**

Santu Lussurgiu ist ein städtebauliches Juwel unter den Dörfern im Westen Sardiniens

degli Angeli (spätes 15. Jh.), deren wertvollstes Ausstattungsstück die anmutige Holzstatue ›Madonna mit Kind‹ (16. Jh.) ist.

Die engen und häufig steilen Gassen von Santu Lussurgiu lohnen einen Bummel. Auf Voranmeldung zu besichtigen ist das **Museo della Tecnologia Contadina** (Tel. 07 83 55 06 17) an der Via Deodato Melloni 2. Das sachkundig eingerichtete volkskundliche Museum spiegelt die starke lokale bäuerliche und Handwerkstradition mit ihrer bedeutenden Messerindustrie, der Handweberei und der berühmten Pferdezucht wider.

San Leonardo de Siete Fuentes

Bei Einheimischen wie Gästen gleichermaßen beliebt ist der **Thermalkurort** San Leonardo de Siete Fuentes, 6 kurvige Kilometer nördlich von Santu Lussurgiu in den Bergen. Die ›sieben Quellen‹ liegen inmitten eines üppig grünen Waldes aus Eichen, Pappeln, Ulmen, Bergpinien und

Fachsimpeln gehört auf dem Pferdemarkt von San Leonardo de Siete Fuentes dazu

Zypressen, unter deren dichtem Blätterdach Picknickplätze und einfache Restaurants zu einer Rast einladen. Frisches Mineralwasser liefern die Quellen kostenlos, zu denen eine breite, steingepflasterte Allee aus hohen Akazien und uralten Birken führt.

Cuglieri

Ein sehr schöner Ausflug führt von Santu Lussurgiu auf der SP 19 nach Westen. Die in zahlreichen kehren abwärts führende Provinzialstraße wird angenehm beschattet durch hohe Steineichen, die durch ihr dichtes Blätterdach immer wieder den Blick auf das Meer frei geben. Nach etwa 13 km taucht plötzlich rechter Hand die Ruine des **Castello di Monte Ferru** als Bekrönung eines steilen Felsens auf. Zu seinen Füßen breitet sich malerisch das schöne Cuglieri (3200 Einw.) in 479 m Höhe aus, Zentrum des Vulkangebietes um den Monte Ferru. Seine Häuser aus verschiedenfarbigem Vulkanstein drücken sich eng an steile Gassen, die sich morgens zur Einkaufszeit und abends zur Passeggiata mit bummelnden Müßiggängern füllen. Auf dem höchsten Punkt des Städtchens prangt unübersehbar die barocke Pfarrkirche **Santa Maria della Neve** mit silberglänzender Kuppel und zwei Fassadentürmen. Von ihrer Terrasse aus genießt man einen hinreißenden Blick über das umliegende waldgrüne Bergland.

Cuglieri entstand im Mittelalter aus den Überresten der römischen Militärstation *Gurulis Nova*. Bald suchten die Einwohner der sumpfigen Küste in der gesunden Bergluft Schutz vor der damals grassierenden Malaria. Noch heute ist der Ort eine beliebte **Sommerfrische**. Hierher ziehen sich sardische Familien sowie Gäste der Ferienorte Santa Caterina di Pittinuri und Sárchittu gern zurück, wenn sie Abwechslung von den langen Sandstränden am Meer suchen.

i Praktische Hinweise

Hotel

****Malica**, Via Macomer 5, San Leonardo de Siete Fuentes, Tel./Fax 07 83 55 07 56. Familiäres Hotel mit Restaurant im Zentrum des kleinen Ortes.

Restaurant

Da Francesco, Via degli Olmi, San Leonardo de Siete Fuentes. Es gibt Eis und vor allem köstliche Pizza, auch zum Mitnehmen.

Filu'e ferru – der hochprozentige Schnaps ist ein echter Rachenputzer

Die Ehre der Schwarzbrenner

Filu'e ferru nennen die Sarden ihren Tresterschnaps, italienisch **Grappa**. Filu'e ferru bedeutet Eisen- oder Stacheldraht, weil die Schnapsbrenner früher den heimlich gebrannten Hochprozentigen vergruben, um ihn vor der Finanzpolizei zu verstecken. Die Stelle markierten sie mit einem Stück Stacheldraht, um den Branntwein nach entsprechender Lagerzeit wieder zu finden. Heute lohnt sich das private Schnapsbrennen nicht mehr, ist bis zu einer gewissen Menge sogar erlaubt und für die Sarden höchstens eine Art Sport geblieben. Trotzdem sind die Bauern von Santu Lussurgiu stolz auf ihren Ruf, den sie auf der Insel als **gewitzte Schwarzbrenner** erwarben. Noch heute brennen sie den Trester besonders stark – mit mindestens 45, manchmal sogar bis 80 % Alkoholgehalt.

15 Bosa

Zauberhaftes Städtchen mit Wallfahrtskirche, Kastell und Badestrand.

Zwei Zufahrten führen von Süden her über den Fluss Temo nach Bosa an seinem Nordufer im Schatten des 477 m hohen *Monte Badde Fae*. Näher beim Meer führt die neue Betonbrücke in die Stadt, die alte dreibogige Brücke aus rotem Trachyt aber bietet die schönere Variante. Zumal man so direkt in die Stadt kommt, deren schmale, mittelalterliche Häuser mit ihren sandgelb, ockerfarben und weiß verputzen Fassaden unter den roten Ziegeldächern einen reizenden Anblick bieten. Eng aneinander geschmiegt ziehen sie sich von der Unterstadt Sa Piana am Fluss zur Oberstadt Sa Costa an den Hängen eines burgbekrönten Hügels hin. Am Temoufer setzen die Fischerboote in den traditionellen Farben Rot, Gelb und Indigoblau zusätzliche bunte Farbtupfer.

Geschichte Gegenüber dem einstigen Römerlager *Bosa Vetus* erbauten 1112 die genuesischen Malaspina auf einem strategisch idealen Hügel auf der nördlichen Flussseite ihre mächtige Festung **Serravalle**. Zu ihren Füßen entwickelte sich das mittelalterliche Bosa in geschützter Lage rund 3 km von der Küste entfernt am bis hierher schiffbaren Temo. Ihr heutiges Erscheinungsbild erhielt die Stadt allerdings hauptsächlich im 18. und 19. Jh., als Bosa einige Zeit Provinzhauptstadt war. Für Wohlstand sorgten die **Handwerker** und **Heimarbeiterinnen**, die sich auf Ledergerben, Sticken (*Filet von Bosa*) sowie auf die kunstvolle Verarbeitung von Korallen und Schmuck spezialisiert hatten. Schon damals schätzte man den süffigen **Malvasia-Wein** aus der Gegend. Heute lebt Bosa (8000 Einw.) eher von der landwirtschaftlichen Produktion, wie etwa Olivenöl, Feigen und Artischocken, von der Fischerei sowie zunehmend vom Tourismus. Seit 2005 gehört die Stadt an der Westküste Sardiniens zur Provinz Oristano.

Viel Geduld brauchen die Stickerinnen von Bosa für ihre filigrane Handarbeit

Besichtigung Unmittelbar östlich der alten Steinbrücke erhebt sich in der Alt- bzw. Unterstadt die hohe weiße Westfassade der einschiffigen **Cattedrale Maria Immacolata**. Ihre Anfänge gehen auf das 16. Jh. zurück, sie wurde aber im 19. Jh. zurückhaltend umgestaltet. Die Seitenkapellen der im Barock reich ausgestatteten Kirche besitzen kostbare Altäre, besonders die dreijochige *Herz-Jesu-Kapelle* gleich rechts neben dem Eingang, die man schon von außen an der hübschen Kuppel erkennt.

Nach Westen dehnt sich die eigentliche Unterstadt mit ihren steingepflasterten Gassen aus, gesäumt von relativ hohen Bürgerpalästen. Sie besitzen tiefe **Weinkeller** für den hiesigen bernsteinfarbenen aromatischen Malvasia. In einigen sind Probierstuben mit Kaufmöglichkeit eingerichtet, vor allem nahe des Temo. Parallel zum Flussufer verläuft der weite, schnurgerade **Corso Vittorio Emanuele**, der *Sa Piatta* genannte ›Salon‹ der Stadt, mit seinen teils vornehmen Wohnpalästen und einladend gestalteten, kleinen Plätzen.

Verwinkelte Treppengassen führen durch die Oberstadt mit ihren einfacheren Häusern, in denen nach wie vor Handwerkerfamilien leben, hinauf TOP TIPP zum **Castello Serravalle** (April–Juni tgl. 10– 12.30 und 16–19.30 Uhr, Juli/Aug. tgl. 10–12.30 und 17–20 Uhr. sonst nach Voranmeldung, Tel. 07 85 37 61 07). Die Burg wurde 1112 von der genuesischen Familie Malaspina errichtet, im 13. Jh. von Pisanern, im 15. Jh. von Katalanen erweitert, und ist heute eine der besterhaltenen Festungen Sardiniens. Imposant ragt die rechteckige, klobige *Torre Maestra*, der pisanische Turm von 1323, aus der Westmauer. Fünfeckig und durch eingemauerte Lagen roten Steins geradezu leicht wirkt dagegen die etwas jüngere *Torre Aragonese* im Süden. Der größte Schatz der Anlage ist jedoch an ihrer Südostecke die kleine Kirche **Nuestra Signora de ses Regnos Altos**. An ihren Wänden wurden großartige *Fresken* mit Abendmahl- und Heiligenabbildungen aus dem 14./15. Jh. freigelegt, deren Ursprung – ob von toskanischen oder spanischen Künstlern geschaffen – noch strittig ist. In ihrer aufrechten, geradezu steifen Haltung muten die Figuren jedenfalls byzantinisch

Seit dem 12. Jh. genießt das malerische Städtchen Bosa Schutz und Sicherheit im Schatten seiner Burg, des gewaltigen Castello Serravalle

an. Die Leute aus Bosa kommen bevorzugt herauf, um vor der Statue der *Santissima Vergine di Regnos Altos* die Muttergottes Maria um Hilfe anzuflehen. Die zartgesichtige, gekrönte Madonna trägt das Jesuskind auf dem Arm und ist mit zahlreichen großen Silberherzen am Bande behängt, Votivgaben dankbarer Pilger.

Profaner, aber trotzdem von atemberaubender Schönheit ist der **Rundblick** vom Wehrgang der Burgmauern: hinauf zu der kargen Berglandschaft aus rotem Trachytgestein im Norden, hinab auf die farbenfrohe Stadt an den weiten Kehren des Flusses im Süden. Im Osten erkennt man das Kirchlein San Pietro Extramuros und im Westen den schönen dunklen Hausstrand *Bosa Marina* (s. u.).

Man sollte Bosa nicht verlassen, ohne der romanischen Kirche **San Pietro Extramuros** aus dem 11. Jh. einen Besuch abgestattet zu haben, die einsam inmitten von Orangen- und Olivenbäumen am Südufer des Temo ca. 3 km südöstlich des Zentrums steht. Allein die zu Beginn des 13. Jh. entstandene Fassade neben dem festungsgleichen Glockenturm ist die Anfahrt oder den Fußmarsch wert, vor allem das schmale *Architrav*, in das vier rührend starre Menschenreliefs und zwei Bäume mit geometrisch angeord-

Die Fischer von Bosa stellen ihre Reusen nach wie vor selbst in Handarbeit her

Von schlichter Schönheit ist San Pietro Extramuros vor den Mauern von Bosa

neten Zweigen eingemeißelt sind. Es ziert die einzige Tür unter dem mittleren der drei leicht angespitzten Bögen, die die drei Kirchenschiffe der Basilika von außen markieren. Über dem Giebelfeld des stark erhöhten Mittelschiffs sitzt ein winziger offener *Glockenstuhl* auf raffiniert umschlungenen kurzen Säulchen.

Innen hat sich die Kirche seit dem 11. Jh. kaum verändert. Alle Wände sind unverputzt, sodass man die verschieden großen Steine mit dicker Mörtelschicht dazwischen erkennen kann. Die Seitenschiffe schließen oben mit schlichtem Kreuzgewölbe ab, die den archaischen Charakter noch verstärken.

Bosa Marina

An der Küste erstreckt sich zwischen der Mündung des Temo und dem 169 m hohen Monte Pira die von kleinen Ferienhotels gesäumte, beschauliche **Bucht** von Bosa Marina. Im Sommer wählen viele Sarden den gut erschlossenen, feinen, dunkelbraunen **Sandstrand** als Urlaubsziel. In den Strandlokalen kann man sich dann mit frischem Fisch oder Meeresfrüchten verwöhnen lassen und dazu den lokalen Malvasia-Wein genießen – sowie den stimmungsvollen Blick auf den aragonesischen Turm (16. Jh.) auf der winzigen vorgelagerten *Isola Rossa*.

i Praktische Hinweise

Information

Informazioni Turistiche, Viale Alghero, Bosa, Tel. 07 85 37 61 07, www.bosa.it

Hotels

*****Al Gabbiano**, Viale Mediterraneo 5, Bosa Marina, Tel.07 85 37 41 23, Fax 07 85 37 41 09, www.bosa.it/gabbianohotel. Freundliches Ferienhotel mit für Hausgäste reserviertem Strandabschnitt.

*****Mannu**, Viale Alghero 14, Bosa, Tel. 07 85 37 53 07, Fax 07 85 37 53 08, www.mannuhotel.it. Hotel am Rande des historischen Zentrums, Richtung Alghero. Die Fischküche des hauseigenen Restaurants genießt auf der ganzen Insel einen hervorragenden Ruf.

***Sa Pischedda**, Via Roma 2, Bosa, Tel. 07 85 37 30 65, www.bosa.it/sapischedda. Kleines Stadthotel mit angegliederter netter Pizzeria.

16 Macomer

Idealer Ausgangspunkt für Ausflüge ins höchst abwechslungsreiche Umland.

Die lebhafte Stadt (12 000 Einw.) in 563 m Höhe ist als **Verkehrsknotenpunkt** und **Handelszentrum** der Region von Bedeutung. Ist auch die Altstadt des seit dem 17. Jh. bestehenden Macomer inmitten der modernen Flachbauten kaum mehr auszumachen, besticht es doch durch seine **Lage** auf einem breiten Grat zwischen der Ebene von Abbasanta und dem rund 200 m höher gelegenen *Altopiano di Campeda*. Der Ort selbst hat zwar eine angenehme Atmosphäre, bietet daneben aber keine nennenswerten Sehenswürdigkeiten. Ein Mangel, den das unmittelbare Umland reichlich aufwiegt.

Man benötigt nicht viel Fantasie, um die Steinsetzungen von Betili zu interpretieren

Zwei rechteckige Seitengebäude rahmen den zentralen Rundbau der Kirche Santa Sabina, die im 11. Jh. neben einem prähistorischen Einzelnuraghen errichtet wurde

Kommt man von Santu Lussurgiu, also von Süden über die SP 43, weist kurz vor Macomer ein Schild nach Westen zur *Zona Turistica Parco Sant'Antonio* und damit auch zum etwa 6 km entfernten Nuraghengebiet von **Tamuli**. Kurz vor dem Ziel wird die unbefestigte Straße zwar ziemlich schlecht, aber bald taucht linker Hand ein Hinweisschild nach *Betili* auf. Dies entpuppt sich als sanfte Anhöhe, die von einer niedrigen Steinmauer umgeben ist, vor der man den Wagen abstellt. Innerhalb der Einfriedung stehen auf einer saftigen, von Vieh frequentierten Weide in einer Reihe zwei Gruppen von je drei etwa brusthohen *Baityloi*. Die konisch geformten Steinmonolithe werden von den Sarden *Piedras marmuradas* genannt, auf italienisch *Pietre fitte*. Sie sind mindestens 3500 Jahre alt und dienten vermutlich religiösen Zwecken. Die eine Dreiergruppe ist an deutlich erkennbaren Brüsten als weiblich zu identifizieren. Bei Spaziergängen in der schönen Umgebung sollte man die Warntafeln beachten, die Militärgebiet ankündigen und dessen Betreten untersagen.

Auch östlich von Macomer finden sich reiche Zeugnisse früher Besiedlung. Rund 4 km Richtung **Bortigali** auf der SP 62 etwa gehören drei Nuraghen und einige *Domus de Janas*, frühsardische Felsengräber, zur dortigen *Zona Archeologica Orolo*. Vor allem der Nuraghe **Orolo** mit 14 m hohem Hauptturm lohnt den Abstecher in die stille Berglandschaft, in der man überdies sehr schön wandern kann. Die einzelnen Wehrtürme, Dolmen und Feenhäuser unter Wildoliven, Eichen und kultivierten Ölbäumen sind sorgfältig ausgeschildert und auf hübschen Holztafeln erläutert. Auch Bortigali selbst mit seinen schmucken Häusern aus dunklen Steinen und den kieselgepflasterten Gassen sowie drei kleinen Kirchen aus dem 16. und 17. Jh. macht einen einladenden Eindruck.

Weitere 5 km östlich führt kurz vor Silanus eine Abzweigung nach **Santa Sabina**, deren hübsche Zweisamkeit von romanischer Kirche und Nuraghe fast jeder Sardinienreisende als Postkartenidylle kennt. Inzwischen hat man freilich ein flaches Besucherzentrum aus dunklen Steinen und einen Parkplatz dazu gebaut.

Die im frühen 11. Jh. entstandene **Kirche** Santa Sabina, auch *Santa Sarbana* genannt, ist ein einfacher, gedrungen wirkender Zentralbau, im Sockelbereich aus schwarzen Vulkansteinen, die im Südwesten mit hellen Blöcken zum Streifenmuster kombiniert wurden. Den kleinen Portikus und die Seitenschiffchen bestehen aus hellen Steinen. Drei kleine Apsiden auf der Rückseite runden den archaischen Eindruck ab. Dieser wird noch verstärkt durch den eng dahinter stehenden, rund 2000 Jahre älteren *Nuraghen* aus dunklem Basalt, dessen zweites Geschoss nur im Ansatz erhaltenen ist. Innen links führt ein Aufgang ins erste Stockwerk. Von dort aus genießt man einen schönen Blick auf das benachbarte Kirchlein.

Sassari und der Nordwesten – Korallenküste und Karsthöhlen

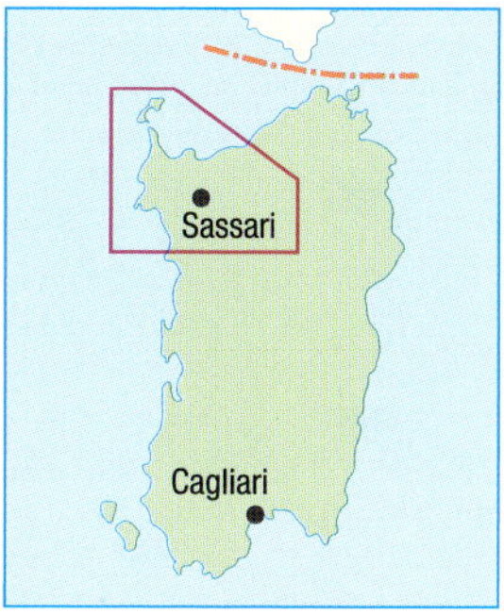

Von Bosa über Alghero bis zum Capo Caccia erstreckte sich bis ins 20. Jh. das Gebiet der sardischen **Korallenfischer**. Heute stehen die roten Kostbarkeiten zwar unter strengem Naturschutz und dürfen nicht mehr gebrochen werden, doch sie bleiben eine Augenweide in den herrlichen **Tauchgründen** vor der Nordwestküste Sardiniens. An Land begeistert **Alghero**, architektonisch und vom Selbstverständnis her eine katalanische Stadt. Vor ihren Toren erfreut sich die grandiose Tropfsteinhöhle der **Grotta di Nettuno** großer Beliebtheit, ebenso die hellen Sandstrände im äußersten Nordwesten Sardiniens auf der Halbinsel von **Stintino**. Felsiger wird es an der Küste um das malerische Burgstädtchen **Castelsardo**. Zwischen den beiden Hafenorten liegt die freundliche, lebhafte Provinzhauptstadt **Sassari**, deren bedeutendes archäologisches Museum das reiche prähistorische, antike und mittelalterliche Erbe der Region widerspiegelt.

17 Alghero

Plan Seite 62

Katalanisches Flair in der Altstadt, am Korallengolf Strände und Neptungrotte.

Eine der schönsten **Küstenstraßen** Sardiniens verbindet Bosa mit Alghero. In vielen Kurven und Kehren windet sich die rund 40 km lange Trasse in beständigem Auf und Ab oberhalb der felsigen Ufer. Die Fahrt dauert mindestens zwei Stunden, die sich jedoch wegen der großartigen Ausblicke auf die Küste und ins gebirgige Inselinnere lohnen. Etwa 10 km südlich von Alghero weitet sich das Panorama zur **Riviera del Corallo**, dem weiten Korallengolf von Alghero. In dessen Westen grenzt der 173 m hohe *Monte Rudedu* die kleinere tiefe Bucht des Naturhafens *Porto Conte* ab. Die Halbinsel auf seiner westlichen Seite endet im Capo Caccia, an dessen steilen Kalkfelsen sich die Wellen brechen.

Rechter Hand liegt einem die **Hafenstadt** Alghero (40 000 Einw.) zu Füßen, die zunächst vor allem durch mehrere voluminöse Wachttürme auffällt. Diese gehören zu den historischen Befestigungsmauern, die meerseitig eine vollkommen intakte **Altstadt** auf einer Landzunge umschließen. In der freundlichen Atmosphäre bereitet das Flanieren und Bummeln besonderes Vergnügen, zumal man dabei auf Schritt und Tritt hier ungewöhnlicher katalanischer Architektur begegnet. Katalanisch ist auch der Dialekt, den alteingesessene Bewohner unter sich pflegen, und selbst die Straßenschilder sind **zweisprachig** – in italienisch und katalanisch – beschriftet. Diese Besonderheit erklärt sich aus der Geschichte der Stadt, die mehrere Jahrhunderte lang eng mit Aragón verbunden war.

◁ Gorgonien, Seeanemonen und Korallen: Vor Algheros Küste offenbart sich das Mittelmeer als – streng geschütztes – Taucherparadies

Geschichte 1102 baute die genuesische Adelsfamilie Doria den eroberten Piratenschlupfwinkel Alghero mit starken Befestigungen aus. 1353 ergab sich die Stadt als eine der letzten Sardiniens den angreifenden **Aragonesen**, die ein Jahr später alle Bewohner vertrieben und statt ihrer Katalanen ansiedelten. Sarden durften sich nur tagsüber in der Stadt aufhalten, wer nachts angetroffen wurde, musste mit dem Tod rechnen. Auch verstärkten die Eroberer die Mauern und Bastionen, sodass an der Nordwestküste Sardiniens eine mächtige **Hafenfestung**

entstand, die sich vier Jahrhunderte lang Katalonien verbunden fühlte. 1541 adelte Kaiser Karl V. anlässlich eines Besuches quasi alle Bewohner Algheros, indem er sie mit den Worten **Estodeu todos caballeros**, ›Ihr seid alle Ritter‹, begrüßte. Danach hatten die so Geehrten dem Kaiser kräftig Tribut zu leisten, als er sein Heer auf Sardinien zum Feldzug gegen Algier rüstete.

Nach dem Ersten Weltkrieg entdeckten Engländer und Schweizer die schöne Altstadt von Alghero, ergänzt durch die nahen Strände bei Fertilia und Porto Conte. Damit begann, für Sardinien relativ früh, der internationale **Tourismus**, von dem die schmucke Stadt noch heute lebt. Auch Fischerei und Handel spielen wirtschaftlich eine wichtige Rolle, vor allem aber der Ruf Algheros als **Korallenstadt**. Die meisten der vielen Juwelierläden bieten den leuchtend roten Schmuck noch heute an, doch die berühmten heimischen Korallen vom Capo Caccia dürfen sie dazu nicht mehr verarbeiten, die stehen nämlich seit mehr als 20 Jahren unter strengem Artenschutz.

Besichtigung Die meisten der engen Gassen der Altstadt sind für den Autoverkehr gesperrt. Man beginnt einen Rundgang am besten am Hafen, wo man an der Via Garibaldi parken kann. Die Straße mündet auf der weiten **Piazza di Bastione della Maddalena** 1, von der man über im *Porto* ankernde Fischer-, Sport- und Ausflugsboote hinweg auf den Korallengolf mit dem hohen Capo Caccia sieht. Im Sommer herrscht auf dem Platz Jahrmarktstimmung, die Bimmelbahn *Tre-*

nino Catalano und Pferdedroschken holen Touristen zur Stadtbesichtigung ab.

Westlich der mächtigen Mauern und des Rundturms des *Bastione della Maddalena* steht der nicht minder massige Rundbogen der **Porta a Mare** 2 (14. Jh.). Durch ihn gelangt man links direkt in die Altstadt, rechts aber über eine Treppe hinauf auf die langen **Bastioni Magellano** 3. Letztere sind zur abendlichen *Passeggiata* besonders beliebt, bieten sie doch von ihrer breiten, von einer Brustwehr geschützten Mauerkrone einen unverstellten Blick über Hafen und Bucht, den man von einem der Caféhaustische oder Ruhebänke aus genießen kann.

Zurück zum Bastione della Maddalena, an dessen Westende ein schmaler Treppendurchschlupf zur etwas höher liegenden Altstadt führt. Schnell steht man auf der lebhaften, dreieckigen **Piazza Civica** 4, katalanisch *Plaça del Pou Vell*, die sich zur Altstadt hin verjüngt. Rechter Hand locken kleine Schmuck- und Feinkostläden, feine Boutiquen und Souvenirgeschäfte in einfacheren Stadtpalästen. Gegenüber aber steht eines der katalanischen Schmuckstücke Algheros, der **Palazzo d'Albis**. In seinem Erdgeschoss befindet sich eine elegante Schmuckga-

Oben: *Der spitze Turm von Santa Maria ragt nahe dem Jachthafen von Alghero auf*
Unten: *In der Altstadt von Alghero kann man unbelästigt vom Autoverkehr flanieren*

Rote Kostbarkeiten – die Juweliergeschäfte verarbeiten freilich nur importierte Korallen

lerie und ein feines Jugenstilcafé, dessen Tische weit auf den Platz vorgerückt werden. Der Palast aus dem 16. Jh. mit seinen spitzbogigen Zwillingsfenstern wurde Sitz des katalanischen Gouverneurs von Alghero. Hier logierten später auch die Vizekönige von Sardinien, wenn sie vor ihrem Amtsantritt in Cagliari in der hiesigen Kathedrale den Eid leisteten.

Das schmale Ende der leicht ansteigenden Piazza Civica geht in die *Via Manno* über, die sich vor der hohen klassizistischen Fassade der **Cattedrale Santa Maria** 5 mit ihren klassizistischen Säulen

Katalanische Majolikaziegel schmücken die Kuppel der barocken San-Michele-Kirche

zur kleinen *Piazza Duomo* weitet. Als ältester Bauteil der Kirche gilt der aus katalanischer Zeit um 1522 stammende Chorbereich in gotischem Stil mit seinen fünf sternförmig angeordneten Kapellen. Die mittlere schließt mit dem oktogonalen *Glockenturm* ab, dessen bunt gekachelte Pyramidenspitze zu einem Wahrzeichen Algheros wurde. Der Dom wurde erst 1730 geweiht. Bis dahin hatte er aufgrund diverser Umbauten sein heutiges klassizistisches Gesicht erhalten. Im säulengestützten hohen Innenraum sieht man dies u. a. am polychromen marmornen *Hochaltar* in der Apsis. Vom Chor führt eine selten verschlossene Tür ins Freie auf die Rückseite des Domes. Dort kann man das sehenswerte spätgotische *Chorportal* mit seinen reich ornamentierten Spitzbogen bewundern. Mehr sakrale Schätze aus Kirchen und Klöstern sind im nahegelegenen **Museo Diocesano** 6 (Via Manno, Mai–Sept. 10–13 und 18–21 Uhr, sonst 10–13 Uhr) ausgestellt.

Unmittelbar hinter dem Dom verläuft die **Via Roma** 7, die in Ost-West-Richtung fast die gesamte Altstadt durchquert, im östlichen Bereich als attraktive Fußgängerzone mit vielen Geschäften. Rechtwinklig zur Via Roma nimmt hinter dem Dom die schmucke **Via Principe Umberto** ihren Anfang, an der ein langer Gebäudekomplex aus grobem nacktem Mauerwerk auffällt. Er gehört zum **Teatro Civico** 8, dem 1862 erbauten, klassizistischen Stadttheater, das mit seinen vier markant vorspringenden Eckrisaliten auf die **Piazza Vittorio Emanuele** schaut. Die Einheimischen nennen den Platz darum nur *Piazza del Teatro*. Seitlich vom Theater steht an der Via Principe Umberto 9/11 der mit ca. 5,5 m auffallend schmale, vier Stockwerke hohe **Palazzo Machin** 9 aus dem 16. Jh., auch *Casa Doria* genannt. In der Renaissancefassade erwecken die fantasievollen Rankenmotive um die Fensterstürze besondere Aufmerksamkeit.

Auf der gegenüberliegenden, östlichen Seite des Theaters führt die schmale *Via del Teatro* über die stille Via Maiorca und die lebhafte Via Carlo Alberto fast direkt auf die ab dem 15. Jh. entstandene Kirche **San Francesco** 10 zu. Sie ist trotz ihrer unscheinbaren Fassade Algheros schönster Sakralbau und die schlanke Steinpyramide auf dem achteckigen Glockenturm mit den zierlichen Schnecken gilt als weiteres Wahrzeichen der Stadt. Im Inneren der dreischiffigen Basilika demonstrieren die gotisch-katalanische

Im Schutze seiner mächtigen Stadtmauern blühte Alghero auf. Auch von See her konnte der reichen Hafen- und Handelsstadt deshalb kein Feind gefährlich werden

Wuchtig, trutzig, uneinnehmbar: Algheros Bastionen

Algheros **Stadtbefestigung** wurde im 12. Jh. von den Genueser Doria konzipiert und im 14.–16. Jh. von den Aragonesern zur mehrere Meter dicken, turmbesetzten Wehrmauer (Bastione) erweitert und verstärkt. Noch heute umgibt sie die Altstadt auf den drei Seiten zum Meer hin, nur nach Osten musste sie der Stadterweiterung weichen, doch selbst hier sind die beiden wichtigsten Türme erhalten geblieben.

Ein Rundgang im Uhrzeigersinn führt vom **Bastione della Maddalena** mit seinem mächtigen Rundturm am Hafen zur **Porta a Terra** an der gleichnamigen Piazza. Neben der Porta a Mare war dies eines der beiden Stadttore, durch die man Alghero betreten konnte, 1360 durch die jüdische Gemeinde von Alghero finanziert. Ursprünglich war der heute klobig wirkende Turm zweigeschossig angelegt, ›verlor‹ jedoch im Lauf der Zeit sein oberes Stockwerk.

Das mächtige Rund der **Torre San Giovanni** am Largo San Francesco war das zweite Bollwerk, das Alghero von der Landseite her beschützten sollte. Als erster Wachtposten gegen Angreifer vom Süden und gleichzeitig vom Meer diente Algheros trutzigste **Torre dello Sperone** an der heutigen Piazza Sulis mit ihren Gardemaßen: 23 m über der Bastion, 23 m Durchmesser. Innerhalb der 5,5 m dicken Mauern führt eine spiralenförmige Treppe in das Obergeschoss. Beide Stockwerke zeigen sich innen in reiner gotisch-katalanischer Architektur, die in krassem Gegensatz zur äußeren Festungsbauweise steht: Radial angeordnete Rippen tragen die Deckengewölbe und verleihen ihnen optische Leichtigkeit.

Die achteckige, schön restaurierte gotische **Torre San Giacomo**, katalanisch **Torre Sant Jaume** genannt, steht ebenfalls am Meer in imponierender Lage an der Ecke zwischen den **Bastioni Cristoforo Colombo** und den **Bastioni Marco Polo**. Zusammen bilden die beiden Mauern eine beliebte Promenade mit einladenden Cafés und Restaurants.

Ganz am Nordende der Stadtbefestigung stehen eng beisammen der frühere Pulverturm **Torre della Polviera** und die **Torre San Erasmo**. Gemeinsam beschützten sie im Mittelalter Algheros Judenviertel. An ihnen führen die hoch über dem Meer angelegten Festungsmauern der **Bastioni Pigafetta** entlang, die im Osten in die **Bastioni Magellano** übergehen und bei der **Porta a Mare** enden.

Flachbogenarchitektur der rechten Chorkapelle, das Kreuzrippengewölbe des Chorbereiches sowie das Tonnengewölbe des Langhauses den Übergang von der Gotik zur Renaissance. Durch die Sakristei gelangt man links in den *Kreuzgang* des früheren Franziskanerklosters. Die zwei Geschosse darüber beherbergen ein Jugendzentrum und ein kleines Hotel, die beide auch von außen über die Piazzetta San Francesco zu erreichen sind.

Flaniert man auf der geschäftigen Via Carlo Alberto, die nicht umsonst auch katalanisch *Carrer Major*, ›Hauptstraße‹ genannt wird, weiter südwärts, liegt an der Piazza Ginnasio die Barockkirche **San Michele** 11 mit ihrer gut sichtbaren, bunt gekachelten Kuppel. Sie stammt aus dem 19. Jh., doch mit dem Bau der Jesuitenkirche wurde bereits 1612 begonnen. Zur kostbaren Innenausstattung gehören zwei zweigeschossige, recht üppig dekorierte Stuckaltäre von 1678 und ein ebenfalls aus dieser Zeit stammendes holzgeschnitztes und vergoldetes Chorgestühl.

Von hier ist es nicht weit zur **Piazza Sulis** 12 am Südrand der Altstadt. Zu Stoßzeiten herrscht geradezu chaotischer Verkehr auf diesem Platz um die kompakte *Torre dello Sperone*, einen weiteren Rundturm der Stadtbefestigungen. Besonders beliebt ist die von hier aus entlang des Meeres nach Süden führende Promenade **Lungomare Dante** 13. Von ihr aus genießt man die schönsten Sonnenuntergänge und bei Vollmond ist sie die Lieblingsmeile der Romantiker von Alghero, mit Blick auf die Lichter der Stadt bis zum dunklen Schattenriss des Capo Caccia.

Das **Mare Nostrum Aquarium** 14 (Via XX Settembre 1, Tel. 07 9 97 83 33, Sommer tgl. 10–13 und 17–22 Uhr, Winter Sa 17–22, So /Fei 10–13 und 17–22 Uhr) hingegen zeigt Fauna und Flora der Meereswelt um Sardinien.

Algheros Stadtstrand **Lido di San Giovanni** 15 ist in seinem Anfangsbereich bei der Piazza di Bastione della Maddalena von Buden und Bars sowie einer breiten Promenade gesäumt, auf der sich Urlauber wie Algehereser gerne zeigen. Der blendend weiße, feine Sand zieht sich, mal von niedrigen Dünen begrenzt, mal von Pinien beschattet, 6 km weiter um den Korallengolf nach Norden bis zum Vorort Fertilia mit Jachthafen, Ferien- und Apartmenthäusern.

TOP TIPP Grotta di Nettuno

Knapp 24 km sind es von Alghero aus nach Nordwesten, zuletzt am Hang des 326 m hohen *Monte Timidone* entlang, zum spärlich mit Macchia bewachsenen **Capo Caccia**, das sich in zwei Stufen 168 m aus dem Meer erhebt. Im Inneren des Kalkfelsens befindet sich die ausgedehnte, wundervolle **Neptunsgrotte**, die Grotta di Nettuno. Die Wahl dürfte schwer fallen, von welcher Seite aus man

Wie ein Felsendom öffnet sich die effektvoll ausgeleuchtete Haupthöhle der Grotta di Nettuno, Wände und Decke bedeckt von bizarr gewachsenen Tropfsteinformationen

Von wilder Schönheit ist die felsige Küste bei Alghero. Das vielfach zerklüftete Ufer bietet immer wieder hübsche Strandabschnitte, die zum Sonnenbaden einladen

die Tropfsteinhöhle betreten soll. Vom Meer her mit einem Ausflugsboot ab Alghero oder vom Parkplatz am Kap zu Fuß über die aus dem Felsen geschlagene *Escala del Cabril*, die ›Rehtreppe‹. Ist die See für eine Bootsfahrt bzw. die Einfahrt in den engen Vorraum der Grotte zu unruhig, ist einem die Entscheidung abgenommen. Das ist nicht weiter schlimm, denn als Alternative bietet die steile, 1954–63 erbaute, inzwischen verbreiterte Treppe mit ihren 654 Stufen immer wieder herrliche Ausblicke auf die herb-schöne felsige Küste – wenn nur der Rückweg nicht wäre!

Die ersten 600 m der Grotta di Nettuno (Tel. 0 79 94 65 40, April–Sept. tgl. 9–19 Uhr, Nov.–März tgl. 9–13 Uhr) können jede volle Stunde im Rahmen von mehrsprachigen Führungen besichtigt werden. An den Höhlendecken bilden Tropfsteine wahre *Stalaktitenwälder* und fantasieanregende Gebilde, etwa einen ›Buddha‹ oder die 11 m hohe ›Orgel‹. Kleine Seen kristallklaren Wassers sorgen für optische Täuschungen, der große *La Marmora-See* mit bis zu 9 m Tiefe für Bewunderung. Die Tropfsteine der karstigen Neptungrotte, in der konstant 20 °C Wärme und 90 % Luftfeuchtigkeit herrschen, sind im ersten Teil bereits abgestorben, wachsen also nicht mehr nach, der Rest verändert sich sichtbar nach starken Regenfällen. Die Grotte ist attraktiv mit Speziallampen ausgeleuchtet, die das Blitzlichtgewitter der Besucher reflektieren und von den empfindlichen Kalkformationen abhalten sollen. Anders als in sonstigen Höhlen ist daher hier das Fotografieren erlaubt.

Anghelu Ruiu

Die sanfthügelige Landschaft der Nurra prägt den Nordwesten der Insel. Sie steigt jedoch von der Küste her nur langsam an und 8 km nördlich von Alghero ist die Gegend noch flach. In dieser Ebene liegt die 1905 entdeckte nuraghische **Nekropole** Anghelu Ruiu (April–Okt. tgl. 9–19, Nov.–März tgl. 9.30–16 Uhr), von der SP 42 aus bequem zu erreichen. Die 37 unterirdischen Gräber wurden 3000–2000 v. Chr. in den felsigen Boden gegraben. Vor den Grabeingängen erläutern Tafeln mit Grundrissen und Texten, auch auf Deutsch, die einzelnen Ipogäen. Von den immer wieder beschriebenen, aus

Im Gebäude des heutigen Hotels Villa Las Tronas südlich von Alghero verbrachte Anfang des 20. Jh. die italienische Königsfamilie häufig ihren Sommerurlaub

dem Fels gemeißelten Stierhörnern über einigen der Grabpforten ist jedoch nur noch schwerlich etwas zu erkennen, höchstens am Grab XXVIII erahnt man noch die Umrisse.

i Praktische Hinweise

Information

AAST, Piazza Porta a Terra 9, Alghero, Tel. 0 79 97 90 54, Fax 0 79 97 48 81 – **IAT**, am Flughafen, Tel./Fax 0 79 93 51 24, www.infoalghero.it

Flughafen

Aeroporto Alghero-Fertilia, Tel. 0 79 93 50 39, www.algheroaeroporto.it. Busverbindungen durch ARST nach Alghero (11 km) und Sassari (35 km).

Bus

ARST, Tel. 07 92 63 92 00, 800/86 50 42 (nur in Italien, gebührenfrei)

Schiff

Navisarda, Bastione della Maddalena, Alghero, Tel. 0 79 95 06 03. Im Sommer pendeln bei ruhiger See tgl. Motorboote zwischen Algheros Hafen und der Neptunsgrotte (ca. 40 Min.).

Tauchen

Adventure & Diving, Via Aggius 14, Alghero, Tel. 0 79 95 29 10, www.portoconte.it. Tauchkurse sowie Tauchexkursionen in den Korallengolf.

Hotels

******Villa Las Tronas**, Lungomare Valencia 1, Alghero, Tel. 0 79 98 18 18, Fax 0 79 98 10 44, www.hotelvillalastronas.it. Verträumtes Hotel in einer Jugendstilvilla auf einer Halbinsel südlich des Lungomare Dante. Mit eigenem Strand und fantastischem Blick auf Alghero.

*****Porto Conte**, Lungomare, Alghero-Porto Conte, Tel. 0 79 94 20 35, Fax 0 79 94 20 45, www.hotelportoconte.com. Angenehme Hotelanlage, entworfen von Architekt Simon Mossa, der auch die Treppe zur Neptungrotte konzipierte. Mit zwei Swimmingpools und Tennisplätzen im großen Garten direkt an der ausladenden Bucht. Gute Küche.

****San Francesco**, Via Machin 4, Alghero, Tel./Fax 0 79 98 03 30, www.sanfrancescohotel.com Kleines Altstadthotel ohne übermäßigen Komfort im ehem. Kloster von San Francesco.

Restaurants

TOP TIPP **Al Tuguri**, Via Maiorca 113, Alghero, Tel. 0 79 97 67 72. Top-Restaurant mit wenigen Tischen auf drei Stockwerken eines engen katalanischen Altstadthauses. Die Gäste werden mit köstlichen Fischgerichten und hausgemachter Pasta verwöhnt. Hervorragend sortierter Weinkeller.

Il Vicere, Via Sant'Erasmo 14/16, Alghero. In den historischen Räumen des Stadtpalastes Palau Real eingerichtetes, hochpreisiges Restaurant mit traditioneller, aber auch internationaler Küche. Offene Feuerstelle für Grillgerichte nach sardischer Art.

Cafés

Angelo Costantino, Piazza Civica 30, Alghero, Tel. 0 79 97 61 54. Jugendstilcafé in den original erhaltenen historischen Räumen einer früheren Apotheke im gotischen Palazzo d'Albis.

Latino, Bastione Magellano 10, Alghero, Tel. 0 79 97 65 41. In-Café mit vielen Tischen auf der Magellan-Bastion, große Auswahl an Cocktails und traumhafter Hafenblick.

18 Monteleone Rocca Doria

Stark befestigter Zufluchtsort der Genueser Doria in schöner Panoramalage.

Wieder waren es Mitglieder der Familie Doria aus Genua, die Anfang des 12. Jh. den Ort Monteleone Rocca Doria auf einem strategisch günstigen Tafelberg im Inselinneren anlegten. Noch heute hockt das hübsche Dorf wie ein Adlerhorst in 368 m Höhe über dem Stausee Lago di Temo und ist nur über eine Stichstraße mit unglaublichen Haarnadelkurven erreichbar. Inmitten der geduckten alten Häuser liegt an dem zentralen kleinen Hauptplatz die zweischiffige spätromanische Kirche **Santo Stefano**. Sie wird derzeit ebenso wie die Reste des gegenüberliegenden Doria-Palastes renoviert.

Am Nordrand des Dorfes fällt die Bergkuppe ziemlich steil ab. Von hier aus hat man einen schönen Blick auf den gestauten **Lago di Temo**. Am gegenüberliegenden Ufer sieht man die dichte Bebauung des Dorfes **Villanova Monteleone**, das jenseits des tiefer liegenden Stausees in 568 m Höhe liegt. Auch dieser Ort ist ein hübsches Ausflugsziel, wurde er doch bereits 1436 von abwandernden Siedlern aus Monteleone Rocca Doria gegründet. Bei einem Besuch sollte man den Wagen jedoch an der Hauptstraße abstellen, denn leicht steckt man in der eng gebauten Altstadt vor einer schmalen Treppengasse fest.

Genau zwischen beiden Doria-Siedlungen nördlich der SS 292 liegt **Puttu Codinu**, dessen Besichtigung man keinesfalls versäumen sollte. Die prähistorische Nekropole mit ihren grauen, von Wind und Wetter glatt geschliffenen Felsplatten und den größtenteils unterirdischen *Domus de Janas* liegt in zauberhafter Position über dem *Lago di Temo* in einem umzäunten Olivenhain.

Meilogu

Das fruchtbare vulkanische **Hochland** Meilogu besticht durch propere Dörfer wie **Mara** (258 m) mit seiner Renaissance-Pfarrkirche *San Giovanni* aus fast weißem Kalkstein. *Santa Giulia*, die 1520 eingeweihte Kirche des knapp 50 m höher gelegenen **Padria**, lohnt wegen ihrer zierlich ausgearbeiteten Fassade einen Besuch. Eine Überraschung ist **Pozzomaggiore** auf 438 m Höhe in einem erloschenen Vulkankrater. Um die Piazza Maggiore gibt es geradezu feine Läden und einen Supermarkt. Man kann sich in diesem durch Viehzucht, Käsereien, Stickerei und Weberei reich gewordenen Dorf also mit Lebensmitteln, Schmuck, Schuhen, Medizin etc. eindecken.

19 Bonorva und Sant'Andrea Priu

Die schönsten Höhlengräber Sardiniens waren auch den frühen Christen heilig.

Das ruhige Städtchen Bonorva (6000 Einw.) in 508 m Höhe ist der **Hauptort** der zentralen Hochebene namens *Altopiano*

14 Grabkammern gehen vom Mittelraum des Tomba di Capo in Sant'Andrea Priu ab

di Campeda. Dank Pferde- und Viehzucht sowie dem Weben bunter Teppiche und dem Wirken weißer Wollstoffe wurde es wohlhabend. Bonorva erfreut sich einer architektonisch gelungenen Pfarrkirche *Natività di Maria* (16./17. Jh.), deren hohen Glockenturm ein markantes Pyramidendach abschließt.

Trotzdem fahren Touristen normalerweise nur durch, folgen der schmalen S.P. 43 rund 10 km nach Osten zu den

TOP TIPP

gut ausgeschilderten Höhlengräbern von **Sant'Andrea Priu** (Sommer tgl. 9.30–13 und 15–18 Uhr, Juli/Aug. tgl. 10–19 Uhr, Winter auf Voranmeldung, Tel. 34 85 64 26 11) in einer etwa 10 m hohen Felswand. Treppen führen zu den insgesamt 20 Gräbern hoch, die im 3. Jahrtausend v. Chr. entstanden. Sie werden allmählich gesichert und hergerichtet, derzeit sind fünf zu sehen. Darunter ist die *Tomba del Capo*, die mit 250 m^2 größte auf Sardinien entdeckte Grabstätte, vielleicht tatsächlich die eines Stammeshäuptlings (*Capo*). Das Grab besteht aus einem kurzen Gang, der zum halbrunden Vorraum und weiter in zwei große, hintereinander liegende, rechteckige Räume führt, von denen 14 Grabkammern abzweigen. Aus vornuraghischer Zeit stammen die zahlreichen Bodenvertiefungen für Grabbeigaben. An den Wänden legte man in zwei Schichten übereinander gemalte Fresken aus dem 3.–9. Jh. frei. Sie belegen, dass die in die Felswand geschlagenen Räume in byzantinischer und frühromanischer Zeit als Kirche benutzt wurden. Besonders schön ist eine von Tauben und Engeln umgebene *Matrona romana*, wohl die reiche Spenderin der Fresken. Die Rückwand nimmt ein Christus Pantokrator in der Mandorla ein.

Die kleine Mühe, auf das **Plateau** über der Felswand zu steigen, lohnt sich. Oben steht ein verwittertes Gebilde aus rotem Trachyt, das einem offenen Glockenstuhl ähnelt. Tatsächlich handelt es sich vermutlich um das Abbild eines Stieres, dem bereits vor mehreren hundert Jahren der Kopf abgeschlagen wurde.

i Praktische Hinweise

Restaurant

Lu Sumarzu, Rebeccu (7 km östlich von Bonorva, kurz vor Anghelu Ruiu), Tel./Fax 0 79 86 79 33. Winziges Bar-Restaurant mit lokalen Gerichten in einem reizenden Weiler. Der Wirt gibt gute Tipps für Wanderungen in der Umgebung.

Blendarkaden und Streifen der Fassade kennzeichnen San Pietro di Sórres als pisanisch

Zur gewaltigen Festungsanlage des Nuraghe Santu Antine bei Torralba gehörte auch dieser heute als Aussichtspunkt inszenierte Wehrturm

20 Valle dei Nuraghi

Ein Königsnuraghe und eine romanische Kirche auf windgepeitschter Hochebene.

Das bescheidene Dorf **Torralba** (1100 Einw.) ist Ausgangspunkt für die Erkundung der umliegenden, von Tafelbergen umgebenen flachen Senke *Campu di Cabu Abbas*. Die Gegend wird auch Valle dei Nuraghi, **Tal der Nuraghen**, genannt, weil hier besonders viele frühgeschichtliche Wehrtürme zu finden sind.

Der im Tal bedeutendste ist das Prachtexemplar **Santu Antine** (Tel. 0 79 84 71 45, Sommer tgl. 9–20 Uhr, sonst tgl. 9–19 Uhr), 3 km südlich von Torralba direkt an der SP 21. Während sonstige bedeutende Nuraghen meist strategisch günstige Bergkuppen einnehmen, wurde dieser nuraghische Palast, *Reggia Nuragica*, wie er wegen seiner gewaltigen Ausmaße auch gerne tituliert wird, im 15.–9. Jh. v. Chr. auf dem Talboden errichtet. Mit dem Ende des 19. Jh. von Einheimischen als Baumaterial abgetragenen dritten Stock muss der gewaltige, zentrale Hauptturm einst 22 m hoch gewesen sein. Eine steinerne Wendeltreppe führt links vom Eingang zu seinem zweiten Geschoss, von dem aus man über den ca. 100 m^2 großen Innenhof mit dem obligatorischen Brunnen hinweg weit in die Ebene ringsum schauen kann. Die Festungsanlage umgibt eine ebenfalls wuchtige, dreieckige Umfassungsmauer. In ihr verläuft ein mit Schießscharten versehener Wehrgang, der die drei Ecktürme verbindet. In den Schutz der riesenhaften Basaltsteine duckten sich außerhalb steinerne Wohnhütten, deren Grundmauern noch gut zu erkennen sind.

Am südlichen Dorfrand des nahen *Borutta* ist der Besuch von **San Pietro di Sórres** ein Muss. Immerhin handelt es sich um eine der bedeutendsten sardischen Kirchen im *Pisaner Stil* und eine der schönsten romanischen Kirchen Italiens überhaupt: Das kleine, aus dem 11. Jh. stammende Gotteshaus aus hellem Kalkstein wurde 1170–90 aufgestockt. Baumeister Magister Marianus verwendete Gestein aus der Gegend: weißen Muschelkalk, grauen Schiefer, grünen und schwarzen Basalt sowie roten Trachyt. Die Fassade ist horizontal in Giebelaufbau, Bogenfries und Blendarkaden um das Portal dreigeteilt. In typisch pisanischer Manier sind Giebelfeld und Apsis schwarz-weiß quer gestreift, die Rhomben und Kreise in den Bogenfriesen bestechen durch mehrfarbige steinerne Intarsienarbeiten. Besonders anmutig ist das Biforienfenster über dem rot-weißen Blendbogen des Portals. Wirkt die dreischiffige Basilika von außen relativ schmal, überrascht sie innen mit erstaunlicher Großzügigkeit. Unter dem Kreuzgewölbe aus dunklem Trachyt verdient der schöne gotische Altar Beachtung. Der Schlüssel zur Kirche ist im quer gestreiften Anbau erhältlich, der zu einem 1957 eingerichteten Benediktinerkloster gehört.

Praktische Hinweise

Restaurant

Il Salice, direkt beim Nuraghen Santu Antine, Tel. 079 84 73 74. Guter Schnellimbiss, der auch kleine warme Gerichte anbietet (*Tavola Calda*).

21 Ozieri

Städtebauliches Juwel mit kunstgeschichtlichem Schatz im Dom.

Wie ein *Amphitheater* breitet sich Ozieri (11 000 Einw.) an den Hängen eines relativ engen Talkessels in den Bergen des *Montacuto* in 390 m Höhe aus. Die lebhafte Stadt gilt als Zentrum der Region *Logudoro* und bietet dank ihrer neoklassizistischen Palazzi mit Balkonen, Dachterrassen und säulengestützten Loggien einen außerordentlich hübschen Anblick. Das Stadtbild geht auf das 19. Jh. zurück, als Ozieri 1807–60 Provinzhauptstadt war und einen wahren Bauboom erlebte. Damals wie heute verdankte es seinen Reichtum Viehhandel, Milchwirtschaft und Käseherstellung.

Das Auto sollten Besucher im unteren Bereich des Ortes nahe der *Piazza Garibaldi* parken und anschließend die steilen steingepflasterten Straßen und Gassen während eines gemütlichen Spaziergangs erkunden. Dabei bietet sich sicher die Gelegenheit, **Suspirus di Ozieri** zu kosten, eine ›süße Seufzer‹ genannte Mandelspezialität der Stadt. Unter Historikern ist die vornuraghische **Ozierikultur** (3500–2800 v. Chr.) bekannt. In der Grotta *San Michele* von Ozieri wurden erstmals Keramiken mit den für diese Zeit typischen Spiralverzierungen gefunden. Heute befindet sich hier das **Museo Archeologico** (Tel. 0 79 78 76 38, Di–Sa 9–13 und 16–19, So 9.30–12.30 Uhr).

Recht weit oben am Hang ließ der Architekt Gaetano Cima auf den Überresten einer früheren gotisch-katalanischen Kirche im 19. Jh. den **Dom** im klassizistischen Stil errichten. Berühmt sind die Kunstschätze in der Sakristei, vor allem das siebenteilige *Retablo della Vergine di Loreto* vom unbekannten ›Meister von Ozieri‹ aus dem 16. Jh. Es zeigt unter der Kreuzigung im Mittelbild eine anmutige Jungfrau auf dem Geburtshaus Christi, das nach der Legende von Engeln aus Nazareth nach Loreto in der italienischen Provinz Ancona geflogen wird. Außerdem steht hier die mannshohe Statue des hl. Antiochus, die eigentlich nach Sant' Antioco di Bisarcio gehört.

TOP TIPP Sant'Antioco di Bisarcio

Etwa 7 km nordwestlich lohnt die großartige, einsam auf einem Hügel gelegene Kirche Sant'Antioco di Bisarcio (tgl. 9–13 und 15.30–19.30 Uhr) wegen ih-

Über die Dächer von Ozieri hinweg überblickt man die Landschaft des Logudoro

Um die Piazza Carlo Alberto stehen einige der schönsten Bürgerhäuser von Ozieri

rer romanisch-gotischen Architektur und den zahlreichen Details meisterlicher Steinmetzkunst einen Besuch. Unter Einbeziehung eines romanischen Vorgängerbaus wurde die dreischiffige Basilika im Jahr 1150 aus sandfarbenem und rötlichbraunem Trachyt errichtet und diente der Diözese Bisarcio bis 1503 als Bischofssitz. Sie war vom Verfall bedroht und wurde Ende des 20. Jh. sorgfältig restauriert, lediglich den rechteckigen Glockenturm beließ man als auch in diesem Zustand noch höchst eindrucksvolle Ruine. In die Konsolen der Blendbogenfriese der Fassade sind verschiedenste Reliefs gemeißelt, dargestellt sind ein pflügender Bauer mit Ochsengespann, ein stilisierter Löwe, fleischige Blumen oder christliche Kreuze. Fast schon gotisch bewegt wirken z. B. die Wasserspeier in Form von grotesken Menschenköpfen und die Heiligenfiguren in der zweigeschossigen Vorhalle, die in den Jahren 1170 bis 1190 der Fassade vorgesetzt wurde.

Der Innenraum der Säulenbasilika mit fein gearbeiteten Kapitellen besteht aus rosagrauem Trachyt und wirkt wie aus einem Guss, die runde Apsis des Chores und die schlichten, gurtlosen Kreuzgewölbe der Seitenschiffe inbegriffen. Zu den Patronatstagen am 13. November und am zweiten Sonntag im Mai feiern Gläubige die **Festa di Sant'Antioco**. Dann wird die um 1500 entstandene Statue des hl. Antiochus mit grüngolden gefasstem Kleid und rotem Umhang aus der Sakristei des Domes von Ozieri für einige Tage hierher gebracht und am Hauptaltar aufgestellt.

22 Ardara

Großartige Basilika ›ganz in Schwarz‹.

Man sieht dem heute so verschlafen wirkenden Ort auf einem Hügel südlich der SS 597 seine bewegte Vergangenheit nicht an, doch Anfang des 12. Jh. flohen die Richter des Judikats *Tórres* vor Piraten aus Porto Tórres nach Ardara, das damit zur Hauptstadt des Kleinkönigreiches avancierte. An diese Zeit erinnert nur noch der wunderbar harmonische ›Schwarze

TOP TIPP

Dom‹ von Ardara, die Basilika **Santa Maria del Regno** (tgl. zur Messe geöffnet, ca. 15.30–18 Uhr, sonst auf Voranmeldung, Tel. 0 79 40 00 66) am unteren Rand des Dorfes. Außer den Kreuzrippengewölben der Seitenschiffe ist praktisch die ganze 1107 geweihte Kirche aus schwarzem Trachyt gebaut. Die imposante dunkle Massigkeit lässt wohl keinen Betrachter unbeeindruckt. Das gerade Portal hätte nicht einfacher ausfallen können, der Rundbogen darüber scheint zu weit nach oben gerutscht zu sein, als wollte er das Biforienfenster erreichen.

Abgesehen von der fein geschnitzten, vergoldeten *Holzkanzel* (16./17. Jh.) wirkt der achtjochige Innenraum schmucklos. Zwei Reihen ebenfalls schwarzer Säulen lenken den Blick nach vorne auf die halbrunde Apsis, die seit 1996 wieder von dem raumhohen, 10 x 6 m großen *Retablo Maggiore di Ardara* bedeckt wird, das 26 Jahre lang in Florenz renoviert worden war. Das gestaffelte Polyptychon besteht aus acht Haupttafeln, umgeben von zwölf Rahmenbildern, allesamt aus der Werkstatt des unbekannten ›Meister von Ardara‹. Die darunter liegende, neunteilige Predella um Christus am Heiligen Grab schuf laut Inschrift 1515 der sardisch-katalanische Maler Giovanni Murru. Der gesamte Bilderzyklus der prächtigen Altarwand ist Maria und Jesus gewidmet, die Mitte nimmt in einer fein geschnitzten und vergoldeten Nische eine gotische Madonnenfigur mit Kind ein.

TOP TIPP Santissima Trinità di Saccárgia

Von Ardana kommend sieht man links in der sich unvermittelt öffnenden Talmulde des Riu Murroni den Campanile der einsam stehenden Santissima Trinità di Saccárgia (tgl. 9–18 Uhr). Sie wurde 1116 als **Abteikirche** für das benachbarte Kamaldulenserkloster in Auftrag gegeben, dessen Gebäude heute eine romantische Ruine bilden. Gut erhalten ist dagegen das 1180–1200 in klarem pisanischem Stil vollende einschiffige Gotteshaus mit

Das opulent gearbeitete Retablo Maggiore di Ardara aus dem 16. Jh. hat nach langjähriger Restaurierung wieder seinen angestammten Platz in Santa Maria del Regno eingenommen

Bis ins 15. Jh. umgaben Klostergebäude der Kamaldulenser die Santissima Trinità di Saccárgia. Heute steht die Kirche allein im weiten Tal des Riu Murroni bei Ardara

dem flachen Giebelfeld, dessen effektvolle Querstreifen aus weißem Sandstein und schwarzem Basalt bestehen. Dasselbe Erscheinungsbild zeigen der 40 m hohe Campanile, aufgelockert durch bunte Majolikamedaillons sowie Bi- und Triforien im oberen Bereich, sowie die dreibogige Vorhalle der Kirche. Fantastische Fabelwesen und Dämonen zieren hier die Kapitelle, sehr gute Kopien der im Inneren geschützt angebrachten Originale. Dort setzt sich auf dem Boden das Schwarz-Weiß der Fassade fort. Unter einer dunklen Holzbalkendecke fallen in dem einfachen Kirchenraum die Fresken auf, mit denen die Hauptchorkapelle ausgemalt ist. Die Bilder stammen noch aus dem 12. Jh. – die einzigen Sardiniens aus dieser Epoche. Sie zeigen u. a. einen segnenden Christus Pantokrator in der Mandorla oder an der rechten Seite Stationen des Leidensweges Christi mit Abendmahl, Judaskuss und Grablegung.

23 Sassari

Plan Seite 76

Museen, Kirchen, Stadtpaläste und eines der schönsten Feste der Insel.

Sassari (121 000 Einw.) mit seiner von meist niedrigen Neubauvierteln umgebenen Altstadt erhebt sich auf einem 225 m hohen Kalkplateau inmitten ausgedehnter Gärten und Olivenhaine. Sardiniens zweitgrößte Stadt ist eine lebendige **Provinzmetropole** von Format – und trotzdem wirken ihre breiten Boulevards und schattigen Altstadtgassen an sommerlichen Sonn- und Feiertagen wie ausgestorben, wenn ihre Bewohner sie verlassen, um sich auf dem Land oder am Meer zu erholen.

Geschichte *Tathari*, wie Sassari damals hieß, wird urkundlich erstmals im 12. Jh. erwähnt, war aber wohl bereits im 7./8. Jh. von Bewohnern des nahen Porto Tórres als **Zufluchtsort** bei Piratenangriffen angelegt worden. Sassaris Bürger waren von Anfang an freiheitsliebend, erklärten ihre blühende Stadt bald als ›frei‹ vom Judikat Tórres und verliehen dieser Haltung 1294 durch die Ermordung des zuständigen Richters Nachdruck. Im selben Jahr gaben sie sich mit den **Statuti Sassaresi** eine eigene Verfassung, die formal bis 1771 galt, de facto jedoch die fast 400-jährige Herrschaft der **Aragonesen** nicht verhindern konnten. Als bedeutender Warenumschlagplatz, Bischofssitz und ab 1565 sogar Seminar- bzw. ab 1617 Universitätsstadt, wuchs Sassari bis ins 16. Jh. zur bedeutendsten Stadt Sardiniens heran, stets in Konkurrenz zu Cagliari, die noch heute zu spüren ist. Doch dann raffte eine Pestepidemie fast die Hälfte der Bevölkerung hinweg und warf die Stadtentwicklung herb zurück.

1780, 1795 und 1852 machte Sassari neuerlich von sich reden, als sich die Stadt, wenngleich vergeblich, gegen die **Savoyer** erhob. Enormen wirtschaftlichen Aufschwung brachte in der zweiten Hälfte des 19. Jh. der Handel mit landwirtschaftlichen Produkten, vor allem mit Frankreich. Sassari wuchs so rapide als **Handels-** und **Verwaltungszentrum** im Nordwesten Sardiniens, dass 1877 das alte aragonesische Kastell geschleift werden musste, um Platz für die Stadterweiterung nach Osten hin zu schaffen. Doch seit dem Niedergang der Landwirtschaft ab den 50er-Jahren des 20. Jh. leidet die Hauptstadt der gleichnamigen Provinz unter hoher Arbeitslosigkeit. Die wirtschaftliche **Depression** zeigt sich auch deutlich am baulichen Zustand vieler historischer Altstadtgebäude.

Militärischen Ruhm erlangte während des Ersten Weltkrieges die **Brigata Sassari**, deren Mitglieder als besonders tapfer galten. Auch in der **Neuzeit** taten sich Sassaris Bürger politisch hervor, immerhin brachte die Stadt mit Antonio Segni (1891–1972) und Francesco Cossiga (* 1928) zwei italienische Staatspräsidenten hervor. Auch der kommunistische Parteiführer Enrico Berlinguer (1922–1984), Miterfinder des sog. Eurokommunismus, stammt aus Sassari.

Besichtigung Sassaris Altstadt erstreckt sich zwischen Piazza Castello, Porta Utzeri, dem Bahnhof und den Straßen Corso Trinità und Via del Mercato. Hier ist es schwierig, für längere Zeit einen Parkplatz zu finden. Zur Mittagszeit kann man versuchen, den Wagen in einer der Querstraßen der Via Roma abzustellen, zumal das dortige **Museo Archeologico Nazionale Giovanni Antonio Sanna** 1 (Tel. 0 79 27 22 03, Di–Sa 9–20, So/Fei 9–13 Uhr) ein guter Ausgangspunkt für eine Stadtbesichtigung ist. Das 1999 grundlegend restaurierte Museum ist in einem schnörkellosen, auch innen hellen Stahlbetonbau untergebracht. Eine Abteilung für sardische *Volkskunde* und eine kleine *Pinakothek* mit Werken sardischer Künstler aus dem 14.–20. Jh. treten zurück hinter der umfangreichen und erstklassigen *archäologischen Sammlung*, wie man sie auf Sardinien ähnlich nur in der Inselhauptstadt Cagliari findet. Die Frühgeschichte stellen vor allem aber die Modelle von nuraghischen Stätten und Stelen aus der Kupferzeit, von *Domus de Janas* (Feenhäuser) und *Tombe dei Giganti* (Riesengräber) sehr anschaulich vor. Be-

Im Mittelpunkt der hübsch begrünten Piazza Italia, des Hauptplatzes von Sassari, steht ein Denkmal von König Vittorio Emanuele II, das Giuseppe Sartorio 1899 schuf

achtenswert sind überdies die *Bronzetti*, unter ihnen ein kompakter Stier aus Predio Canopolo bei Perfugas. Etruskische Korallenvasen sind ebenso zu sehen wie römische Glasgefäße oder Grabstelen. Zahlreiche Münzen und überraschend viele Marmorstatuen ergänzen die ausgestellten Funde.

Centro Storico

Die Via Roma führt zwischen hohen Verwaltungsgebäuden und einigen restaurierten Bürgerhäusern (19./20. Jh.) nordwestlich in die Altstadt, schnurgerade auf die **Piazza Italia** ❷ zu. 1872 wurde der 1 km² große Platz angelegt, 1899 kam in seiner Mitte das riesenhafte *Monumento a Vittorio Emanuele II* hinzu, das den italienischen König in weißem Marmor in Galauniform auf seinen Degen gestützt zeigt. Den Platz umgeben prächtige zweistöckige Paläste des 19. Jh., links der neugotische, innen freskengeschmückte **Palazzo Giordano** von 1878, heute Sitz des *Banco di Napoli*. Rechts beherbergt der monumentale neoklassizistische **Palazzo della Provincia** von 1880 die Provinzverwaltung. Der sehenswerte Ratsherrensaal im ersten Stock kann nach Vereinbarung mit dem Pförtner besichtigt werden.

Die beiden kurzen Arkadengänge **Portici Bargone e Crispo** ❸ verbinden die Piazza Italia mit der ungleichmäßigen, von Banken umstandenen **Piazza Castello** ❹, die 1877 anstelle des abgetragenen aragonesischen Kastells angelegt wurde. Eine kurze Palmenallee steht in ihrer Mitte und rechter Hand breitet sich das monumentale Gebäude der **Caserma Alberto La Marmora** (auf Voranmeldung, Tel. 0 79 23 33 03, Mo–Fr 9–12.30 und 14–16.30, Sa 9–12.30) von 1878 aus. In der Kaserne befand sich das Hauptquartier der legendären *Brigata Sassari*, die rechts am großen Paradehof ein eigenes Museum besitzt. Darin wird in Dokumenten, Fotos und Zeitungsausschnitten sowie der Nachbildung eines Schützengrabens das Wirken der Brigade überliefert, deren Soldaten im Ersten Weltkrieg als Italiens waghalsigste galten.

Faszinierende Funde präsentiert das Museo Archeologico Nazionale G. A. Sanna

Nordwestlich der Piazza durchzieht die Fußgängerzone des **Corso Vittorio Emanuele II** 5 die gesamte Altstadt. Die Bummelmeile flankieren Bürgerhäuser des 19. Jh. mit *Grandezza*, die allein in ihrer Architektur kleinen Schatzkästen gleichen. Insbesondere die meist kunstvollen schmiedeeisernen Gitter vor den Türen verstärken diesen Eindruck. Dazwischen finden sich aber auch gotisch-katalanische Paläste aus dem 15. Jh., z. B. mit der Hausnummer 23 die **Casa Farris**, deutlich zu erkennen an ihren verschiedenen Fensterformen und Biforien. Gleichfalls interessant ist nach der Seitengasse Santa Caterina die auf zwei Rundbögen ruhende **Casa di Ré Enzo** mit drei reich verzierten Biforien und Maßwerkfries. Der Corso Vittorio Emanuele mündet in die **Piazza Sant'Antonio** mit der 1954 errichteten und dem hl. Antonius gewidmeten Säule. Die Nordostseite des länglichen Platzes dominiert die schlichte Barockfassade der 1707 vollendeten Kirche **Sant'Antonio Abate** 6. Höhepunkt der barocken Ausstattung ist das große, schöne Retabel mit reicher, vergoldeter Schnitzerei, das die gesamte Chorrückwand einnimmt.

Folgt man vom Corso Vittorio Emanuele aus der kleinen Via Santa Caterina Richtung Süden, fällt links nach wenigen Schritten ein dreischiffiger Kirchenbau aus hellem Sandstein mit schmalen Seitenschiffen und breitem Mittelschiff auf, der von einer oktogonalen Kuppel mit kleiner aufsitzender Laterne bekrönt wird. Dabei handelt es sich um die 1579–1609 erbaute **Santa Caterina** 7, die frühere Jesuitenkirche *Gesù e Maria*. Die Via San-

Festtagsritt und Lichterglanz

Aus fast allen Gemeinden der Insel strömen die Menschen meist am vorletzten Mai-Sonntag in Sassari zur **Cavalcata Sarda** zusammen. Sie tragen traditionelle, farbenfrohe Trachten und sind reich geschmückt. Frauen und Mädchen verstecken ihre Gesichter hinter feiner Spitze oder steifem Tuch, man sieht Folkloregruppen auf geschmückten Wagen oder Paare hoch zu Ross. Sie alle versammeln sich auf der riesigen Piazza Italia, wo am Nachmittag getanzt und gesungen wird. Gegen Abend finden die spektakulären **Reiterturniere** statt. Eigentlich wurde der Ritt 1899 als Festzug zu Ehren durchreisender Könige und Fürsten eingeführt, gilt heute aber als Freudenfest und ist eine der großen touristischen Attraktionen der Insel.

TOP TIPP

Viele Bewohnerinnen von Sassari tragen zur Festa dei Candelieri die alten Trachten

Bei der Cavalcata Sarda übertreffen sich die Reiter mit wagemutigen Kunststücken

TOP TIPP

Religiösen Ursprungs ist dagegen die **Festa dei Candelieri**, das ›Fest der Kerzen‹ am 14. August. Dabei tragen Vertreter der neun Gremi von Sassari, der im 16. Jh. konstituierten Zünfte, mehr als 4 m hohe, bemalte und reich mit Blumen geschmückte Holzpfeiler mit brennenden Kerzen obenauf durch die Altstadt. Damit erfüllen sie ein Gelübde, das ihre Vorfahren anlässlich des Endes der Pestepidemie im ausgehenden 16. Jh. abgelegt hatten.

Nur zur Festa dei Candelieri verlässt die Kerze der Schuster den Duomo San Nicola

ta Caterina mündet in die **Piazza del Comune**, an deren gegenüberliegender Seite im **Palazzo Ducale** 8 Rathaus und Stadtbibliothek untergebracht sind. Nach den Plänen des Piemonteser Architekten Valino wurden beim Bau 1775–1805 die Fenster des an sich strengen dreigeschossigen Palastes für den Markgrafen Duca di Asinara außen mit spätbarocken Formen wie Dreieck, Halbrund oder in einer Doppelspitze endenden Flachbogen dekoriert.

Nebenan steht man auf der Chorseite der Kathedrale, um die herum enge Gassen zur **Piazza Duomo** führen. Von dem engen Domvorplatz kann man nur mit Mühe die hoch aufragende, reich geschmückte barocke Kalksteinfassade des **Duomo San Nicola** 9 (tgl. 9–12 und 16–19 Uhr) erfassen. Die Fülle von Grotesken, Medaillons, Türmchen, Nischen, Engelsstatuen und Blütenskulpturen wurden um 1700 dem aus dem 13. Jh. stammenden Gotteshaus vorgesetzt. Im Giebelfeld steht der Kirchenpatron San Nicola di Bari, über ihm Gottvater, unter ihm in je einer Nische die drei Schutzheiligen der Stadt: Gavinus, Januarius und Protus. *Cattedrale Turritana* nennen die Sassareser ihren Dom, den man durch eine Vorhalle mit reichem Sterngewölbe betritt. Zwei hohe gotische Kreuzrippengewölbe tragen das einschiffige Langhaus, das von je vier teils wieder barocken Seitenkapellen flankiert wird. Die dritte Kapelle links ist Santa Lucia geweiht, die u. a. als Schutzpatronin der Schuhmacher gilt. Deshalb wird hier die Holzkerze des *Gremio dei Calzolai*, der Gilde der Schuster, aufbewahrt [s. S. 78]. Unter den zahlreichen sakralen Kunstwerken wird vor dem Hochaltar das kleine Bild der *Madonna del Bosco* besonders verehrt, das ein unbekannter Meister um 1400 auf einer goldgrundierten Holzplatte im Sienesischen Stil schuf.

TOP TIPP

Extra Muros

Keine 300 m westlich des Doms liegt **Santa Maria di Betlem** 10, ab 1106 mit hoher gotischer Fassade außerhalb der damaligen Stadtmauern erbaut. Als die Kirche im 13. Jh. von den Benediktinern auf die Franziskaner überging, wurde sie zum Mittelpunkt des religiösen Lebens von Sassari. Entsprechend wurden und werden in den Seitenkapellen der innen fast vollständig barockisierten, einschiffigen Kirche sechs der neun *Candelieri* der mittlelalterlichen Zünfte, der *Gremi*, aufbewahrt.

Am südöstlichen Rand der Altstadt bietet der ausgedehnte **Giardino Pubblico** mit seinen hohen alten Bäumen eine Oase der Ruhe. An den Stadtpark grenzt im Nordosten das Hauptgebäude der **Università** 11. Der zweistöckige Bau wurde 1559–66 als Jesuitenkolleg um einen stimmungsvollen Kreuzgang errichtet und nimmt heute u. a. die hervorragende Universitätsbibliothek auf. Östlich davon

Barocke Elemente lockern die dunkle Natursteinfassade des Duomo San Nicola auf

Ob Präsentierteller oder Tonfigur, in den ISOLA-Ausstellungen wird jeder fündig

liegt die halbrunde **Piazza Emiciclo Garibaldi** ⓬ mit dem Busbahnhof. Gegenüber, wieder im Stadtpark, liegt der L-förmige Pavillon **Padiglione dell'Artigianato** ⓭ (Mo–Fr 8–14 und Mo–Mi auch 16–18 Uhr). In ihm zeigt das *Istituto Sardo Organizzazione Lavoro Artigiano*, kurz **ISOLA**, auf zwei Etagen eine bemerkenswert gute Ausstellung sardischen Kunsthandwerks. Hier kann man die kostbaren Originalarbeiten aus Keramik, Porzellan, Gold, Silber, Holz oder Korbgeflecht, die gewebten oder gestickten Unikate nicht nur ansehen, sondern auch kaufen.

14 km nordwestlich der Stadt erstreckt sich, begleitet von einem lichten Pinienwald, der kilometerlange **Platamona Lido** am *Golfo dell'Asinara*. Der beliebte ›Hausstrand‹ der Sassareser ist gut erschlossen, zahlreiche *Lidi* bieten Kabinen, Liegestühle, Kinderspielplätze und Verköstigung.

i Praktische Hinweise

Information

AAST, Viale Umberto 72, Sassari, Tel. 0 79 23 13 31, Fax 0 79 23 75 85. – **EPT**, Viale Caprera 36, Tel. 0 79 29 95 44, Fax 0 79 29 94 15. – **IAT**, Via Roma 62, Tel./Fax 0 79 23 17 77, www.comune.sassari.it

Bus

ARST, Vilae Porto Torres, Sassari, Tel. 07 92 63 92 00, Tel. 800/86 50 42 (nur in Italien, gebührenfrei)

Pani Autolinee, Viale F. Bellieni, Sassari, Tel. 0 79 23 69 83

Hotels

******Grazia Deledda**, Viale Dante 47, Sassari, Tel. 0 79 27 12 35, Fax 0 79 28 08 84, www.hotelgraziadeledda.it. Am südöstlichen Stadtrand gelegenes, luxuriöses Stadthotel. Mit Parkplatz.

*****Leonardo da Vinci**, Via Roma 79, Sassari, Tel. 0 79 28 07 44, Fax 07 92 85 72 33, www.leonardodavincihotel.it. Gepflegtes, sehr gut geführtes Haus im Zentrum nahe dem Museo Nazionale Giovanni Antonio Sanna.

Restaurants

TOP TIPP **Trattoria del Giamaranto**, Via Alghero 69, Sassari, Tel. 0 79 27 45 98. Angenehmes Ambiente in einem

Trotz fachkundiger Beratung bleibt in der Trattoria del Giamaranto die Qual der Wahl

unscheinbaren Wohnhaus. Hervorragende Fischküche, im Herbst auch Pilzspezialitäten. Die hohe Qualität hat allerdings ihren Preis (So geschl.).

Trattoria Gesuino, Via Tórres 17 g, Sassari, Tel. 0 79 27 33 92. Familiäres Lokal mit typischen Spezialitäten aus Sassari wie Schnecken und Eselfleisch, aber auch andere sardische Speisen (So geschl.).

Liberty, Piazza Sauro 3/Corso Vittorio Emanuele, Sassari, Tel. 0 79 23 63 61. Beliebtes, mit einem Hauch von Jugendstil eingerichtetes, aber auch teures Restaurant im Altstadtzentrum. Bietet u. a. Pizza (Mo geschl.).

Café

Caffè Italiano, Via Roma 38, Sassari, Tel. 0 79 23 01 92. Gute Snacks und Drinks sowie preiswerter Mittagstisch in den historischen Räumen des früheren *Grancaffè* mit angenehmem Innenhof.

24 Porto Tórres

Römische Kolonie und Geburtsstadt der wichtigsten sardischen Märtyrerheiligen.

Um 27 v. Chr. gründeten die Römer *Turris Libyssonis* als Umschlagplatz für Getreide aus der Anglona östlich der Nurra. Im 10.–13. Jh. wurde der blühende Exporthafen Hauptstadt des Judikats Tórres. Trotz dieser geschichtsträchtigen Vergangenheit zählt das heutige Porto Tórres (22 000 Einw.) nicht gerade zu den Schönheiten der Insel. Allzu markant wird die Stadtsilhouette von den Schloten der petrochemischen Industrie geprägt, die in den 1960er-Jahren als Zeichen wirtschaftlichen Aufschwungs emporwuchsen. Aber Sardiniens drittwichtigste Hafenstadt und Endpunkt der in Cagliari beginnenden Schnellstraße *Carlo Felice* entfaltet allabendlich während der *Passeggiata* überraschenden Charme. Dann scheint sich die gesamte Bevölkerung auf dem zentralen **Corso Vittorio Emanuele** zu treffen. Der Boulevard ist nach Sonnenuntergang für den Autoverkehr gesperrt und in den Straßencafés bleibt kein Tisch frei.

Außerdem kann Porto Tórres mit der größten romanisch-pisanischen Kirche der Insel aufwarten, die allein schon einen Besuch wert ist. Trotz ihres hohen Baus sind die verwitterten Kalksteinmauern von **San Gavino** (11. Jh.) im eng herantretenden Häusergewirr nur schwer aus-

In San Gavino von Porto Tórres ist dem Kirchenpatron ein Seitenaltar gewidmet

zumachen. Das Gotteshaus steht am südwestlichen Rand des Zentrums über einer frühchristlichen Nekropole, die immer noch archäologisch untersucht wird und nicht zu besichtigen ist. Markenzeichen der dreischiffigen Basilika sind die klare *Gliederung* der Süd- und Nordwände durch flache Lisenen sowie ihre beiden *Chöre* im Osten und im Westen. Durch ein ausladendes Doppelportal (1492) an der Südseite betritt man den langen, kargen Innenraum, in dem einige Granitsäulen mit antiken, frühchristlichen und romanischen Kapitellen Beachtung verdienen. In einer Krypta unter dem Mittelschiff ruhen in römischen Sarkophagen die vermeintlichen Gebeine der Märtyrer Gavinus, Januarius und Protus. Die Männer wurden auf Befehl Diokletians wegen ihres christlichen Glaubens enthauptet und ins Meer geworfen. Doch ein Wunder geschah: Am 25. Oktober 235 spülte die See Körper und Köpfe aller drei Märtyrer unversehrt wieder an Land. An dieser Stelle im Osten der Stadt wurde später das Kirchlein *San Gavino a Mare* errichtet, Ziel einer am 30. Mai stattfindenden *Wallfahrt* zu Ehren des Namenspatrons.

In Hafennähe wird westlich der Bahngleise in der *Zona Archeologica* die **Colonia Romana Turris Lybissonis** ausgegraben. Bislang wurden neben den schlecht erhaltenen Thermen die beiden römischen, mit großen Trachytplatten belegten Hauptstraßen freigelegt, auch der zum antiken Hafen führende Weg, der im Wechsel von weißen Kalk- und dunklen Trachytsäulen begrenzt wird. Zum Grabungsgelände gehört das **Antiquarium** (Di–Sa 9–13.30, Di/Do auch 15–19.30,

So/Fei 9–13 Uhr), in dem römische Grabbeigaben zu sehen sind.

Peninsula di Stintino

Die von kleinen Salzseen durchsetzte Halbinsel nordwestlich von Porto Tórres endet bei den aussichtsreichen Klippen des **Capo Falcone**. Die kristallklaren Wasser ringsum gehören zu den schönsten Tauchgründen der Insel und des Mittelmeeres überhaupt, außerdem werden sie als ergiebiges Fanggebiet von Sardinen und Langusten geschätzt. An der Ostküste der Peninsula lebt der hübsche Fischer- und Badeort **Stintino** (1200 Einw.) vom regen Fremdenverkehr. Um den malerischen, fjordartigen Hafen gruppieren sich kleine Bar-Restaurants, einige Boutiquen und Lebensmittelgeschäfte – ein trautes Bild. Ein markanter Steinturm aus dem 16. Jh. überragt den nahen, 300 m langen Strand der **Spiaggia di Pelosa**, die wegen ihres pulverfeinen hellen Sandes im Sommer hoffnungslos überlaufen ist. Landseitig begrenzen Wacholderbüsche und Dünen den herrlichen Küstenstreifen, der ausgesprochen flach ins Meer ausläuft. Interessant ist das Museo della Tonnara (Tel. 079523053, Sommer Di–So 18–24, Winter So/Fei 18–24 Uhr) zur Geschichte des Thunfischfangs.

Zum Greifen nah scheint die vorgelagerte, unter Naturschutz stehende **Isola Asinara** (tgl. Führungen, Scopri Sardegna, Tel. 0 79 51 00 60, Boote vom Hafen Stintino, Parco Nazionale dell' Asinara, www.parco.asinara.org, Tel. 0 79 50 08 00). Auf der Insel wurde bis vor einigen Jahren ein Hochsicherheitsgefängnis des Italienischen Staates betrieben, dessen Gebäude heute besichtigt werden können. Der gruseligen Atmosphäre setzt die Landschaft ein schönes Gegengewicht. Während die Westküste Asinaras steil und felsig ist, öffnen sich an der Ostküste hübsche Buchten mit weißen Sandstränden. Faszinierend sind auch Flora und Fauna. Die Insel ist Heimat zahlreicher Vogelarten, doch die größten Besuchermagneten sind zweifellos die kleinen weißen Wildesel, die ihr den Namen gaben und nur hier vorkommen.

i Praktische Hinweise

Information

Pro Loco/Uffizio Informazioni Turistiche, Piazza Garibaldi 17, Porto Tórres, Tel. 0 79 51 50 00. – **Pro Loco**, Piazza dei 45, Stintino, Tel. 0 79 52 00 81

Schiff

Tirrenia Navigazione, Porto Tórres, Tel. 07 95 04 92 00, www.tirrenia.com. Regelmäßige, im Sommer tgl. Fährverbindungen nach Genua.

Vor allem an der Ostküste der Halbinsel Stintino finden sich prächtige Badebuchten

Schöner kann ein Burgberg kaum sein: an drei Seiten vom Meer umgeben, bekrönt von einer Festungsruine, an seinen Hängen die pittoresken Wohnhäuser von Castelsardo

Hotel

********Rocca Ruja Vip**, Capo Falcone, Stintino, Tel. 0 79 52 22 00, Fax 0 79 52 22 52, Reservierungen über Fax 03 32 93 91 20, www.roccarujavip.com. Große, nur im Sommer geöffnete Hotelanlage mit vielfältigem Sportangebot, u.a. Reiten, Segeln, und eigenem Strandabschnitt.

Restaurant

Silvestrino, Via Sassari 14, Stintino, Tel. 0 79 52 30 07, Fax 0 79 52 34 73. Bekannt gutes Fischrestaurant in einem kleineren Hotel an der Hauptstraße

25 Castelsardo

Zauberhaftes Festungsstädtchen auf einer Landzunge über dem Meer.

Ein ebenmäßig geformter Felskegel nimmt die kleine Landzunge ein, auf seinem 114 m hohen Gipfel scheinen die malerischen Ruinen einer genuesischen Festung noch heute über den durch lange Molen geschützten modernen Hafen zu wachen. Auf der Südseite schmiegen sich die kleinen weißen Häuser der **Altstadt** in den Schutz der Burgmauern, darunter breitet sich entlang der Durchgangsstraße die Neustadt bis an den Fuß des Hügels und weiter bis an die Nordabhänge der auf 329 m aufsteigenden *Punta la Menta* aus.

Die Festung wurde 1102 von der genuesischen Familie Doria als **Castel Genovese** zur Sicherung der Meerenge von Bonifacio gegründet. Eleonora d'Arborea [s. S. 46] und Brancaleone Doria sollen nach ihrer Heirat 1376 zehn Jahre lang in der wichtigen Trutzburg gelebt haben. 1448 eroberten Spanier die Stadt und tauften sie in **Castel Aragonese** um. Erst mit Ende der katalanischen Herrschaft 1769 erhielt Castelsardo seinen heutigen Namen.

Das historische Zentrum ist für den Autoverkehr gesperrt, mit einigem Glück findet man aber an seinem Rand bei der kleinen Aussichtsterrasse *Belvedere* einen Parkplatz. Es ist sehr schön, durch die meist steingepflasterten Gassen zu schlendern, die langen Treppen emporzusteigen und das Gewirr der dicht stehenden, bis zu dreistöckigen pastellfarbenen Häuserzeilen zu erkunden. Wie entlang der Durchgangsstraße finden sich auch hier kleine Kunsthandwerksläden, bieten Frauen vor den Haustüren selbst gemachte Korbflechtereien an und übertreiben die wenigen Restaurants gewaltig mit den Preisen – doch dem Charme des Ursprünglichen konnten diese Zugeständnisse an den Tourismus nichts anhaben.

Etwa auf halber Höhe thront auf einer dem Meer zugewandten Felsnase die bereits im 12. Jh. errichtete, innen im 16. Jh. mit Kreuzrippengewölbe umgebaute und im 17./18. Jh. mit reichem Schnitzwerk neu ausgestattete **Cattedrale Sant' Antonio Abate**. Als unverkennbarer Wegweiser dient das bunte Kacheldach

Jeder Zoll eine Königin – Detail des Retabels der Cattedrale Sant'Antonio Abate

des schlanken Glockenturmes. Die einschiffige Kirche aus dunklen, ungleichmäßigen Lavasteinen besitzt fünf tiefe, enge Seitenkapellen entlang des tonnenüberwölbten Langhauses. Sehr harmonisch wirkt die kassettierte Decke der Renaissance-Kapelle links. Die reich geschnitzte Barockkanzel und die Altäre sind ebenso wie das Orgelgehäuse farbig gefasst und vergoldet. Vom unbekannten stammen die Fragmente eines um 1500 entstandenen Retabels: Thronende Madonna in golddurchwirktem Brokatkleid mit Kind und musizierenden Engeln über dem Hochaltar, eine Dreifaltigkeit, Erzengel Michael und zwei Heiligentafeln der ehem. Predella im früheren Kapitelsaal.

Spektakuläres Erinnerungsfoto unter dem erhobenen ›Rüssel‹ des Roccia dell'Elefante

TOP TIPP Die Via Seminario führt als Treppengasse hoch zum **Castello** (April–Sept. tgl. 9.30–13 und 15–19 Uhr, Okt.–März Di–So 9.30–13 und 15–19 Uhr). Von den Festungsmauern sieht man deutlich, warum die Doria diesen Platz für ihre Befestigung wählten. Vom Capo Falcone bis zum Capo Testa und häufig sogar bis zur Nachbarinsel Korsika kann man das Meer überblicken, bis weit in die südliche Anglona mit ihren hügeligen Weiden, Getreidefeldern und Olivenhainen den Norden Sardiniens überschauen. Das Kastell wurde in den 1990er-Jahren großartig restauriert und mit dem kleinen, sehr schön eingerichteten **Museo dell'Intreccio** bereichert, in dem man alles über die in Castelsardo traditionelle Arbeit des Korbflechtens erfahren kann.

Ausflüge

Fast obligatorisch ist 5 km südöstlich von Castelsardo an der Kreuzung von S.S. 134 und S.S. 200 ein – wenn auch wegen des Verkehrs manchmal schwieriger – Stopp bei der **Roccia dell'Elefante**. Wind und Wetter gaben dem Felsen in etwa die Form eines Elefanten, ein beliebtes Postkarten- und Fotomotiv. Auch den Nuraghern war der einsam aufragende Stein aufgefallen und sie ›durchlöcherten‹ ihn geradezu mit vielen kleinen Nischen für die Aschenurnen ihrer Toten.

Wunderhübsch ist die kleine frühere Abteikirche **Nostra Signora de Tergu** (tgl. 8–19 Uhr) in schöner, heute einsamer Hanglage an der kurvenreichen Provinzialstraße südlich von Castelsardo Richtung S.S. 127. Der einschiffige Bau wurde im 13. Jh. aus rotem Trachyt und weißem Kalkstein errichtet. Wie für pisanische Kirchen üblich, ist die Fassade in Portalfeld, Bogenfries und Giebel dreigeteilt. Innen ist das Kirchlein unverputzt, die drei Joche kurz und durch flache Pilaster voneinander getrennt, das Querhaus und der glatte Chorabschluss wurde aus gröberen Steinen errichtet. Auf drei Seiten der Kirche sind noch Fundamente eines ehem. Klosters zu sehen, denn Nostra Signora de Tergu gehörte zur einstigen Abtei der *Benediktiner von Montecassino*. Heute umgibt ein Rosengarten die Kirche, was den Eindruck eines Schatzkästchens verstärkt.

3 km südlich von Tergu führt ein schmales Sträßchen durch landschaftlich reizvolles Gebiet mit zahlreichen Bächen. Im Osten taucht ein 530 m hoher, roter

Zu der reizenden kleinen Landkirche Nostra Signora de Tergu wallfahren vor allem in der Fastenzeit die gläubigen Christen von Castelsardo, um vor Ostern Buße zu tun

Trachytberg auf, der **Monte Ruiu**. Auf einem Schwemmlandplateau zu seinen Füßen breitet sich nahe des Riu Altana das große Bauerndorf **Perfugas** aus. In der ›Unterstadt‹ weisen die Schilder **Complesso protosardo** den Weg hinauf ins Zentrum. 1923 stieß man dort neben der Pfarrkirche bei Aushubarbeiten auf ein nuraghisches Brunnenheiligtum aus dem 2. Jahrtausend v. Chr. Darin fand man wertvolle Bronzen, z. B. einen Stier, der heute zu den Prunkstücken des *Museo Archeologico Nazionale Giovanni Antonio Sanna* in Sassari zählt. Die Einfassung aus behauenen Kalksteinen zeigt die typische Schlüssellochform. 1975 wurden erneut *Grabungen* (Tel. 0 79 56 42 41, Di–So 9–13 und 15–19 Uhr) aufgenommen, die zu besichtigen sind.

Die sonst schlichte, ursprünglich gotische Pfarrkirche **Santa Maria degli Angeli** oberhalb der archäologischen Grabungen besitzt im Chorbereich schöne Steinmetzarbeiten an den Kalksteinkapitellen mit Blumenmotiven, Engeln und Menschenköpfen. Eine wahre Schatzkammer ist jedoch ihre **Capella di San Giorgio** innen rechts. Sie enthält hinter Sicherheitsglas das *Retablo San Giorgio* eines unbekannten Meisters, das zu den Hauptwerken sardischer Malerei aus dem 16. Jh. zählt. Aufwendige Rahmen mit vergoldetem Schnitzwerk umgeben 51 Bildtafeln, insgesamt 840 x 660 cm groß. Grünblau, Cottorot und Sand sind die dominierenden Farben des Retabels, das 40 (!) Jahre lang restauriert wurde, besonders schön an der Verkündigung, der Anbetung der Heiligen Drei Könige oder der Kreuzigungsszene zu sehen.

i Praktische Hinweise

Hotels

*****Club La Baia**, Lungomare Ziruia, Castelsardo, Tel. 0 79 47 90 17, Fax 0 79 47 91 91. Ordentliches Hotel an der Durchgangsstraße. Swimmingpool und Garage.

****Pensione Pinna**, Lungomare Anglona 7, Castelsardo, Tel. 0 79 47 01 68. Nette Pension auf halbem Weg zwischen Kastell und Küste.

Restaurant

La Guardiola, Piazza del Bastione 4, Castelsardo, Tel. 0 79 47 04 28. Zauberhaft auf einer Bastion gelegenes hochpreisiges Spezialitätenrestaurant. Hier werden bei schöner Aussicht feine Fisch- und Nudelgerichte zelebriert.

Die Gallura und der Nordosten – modelliert von Wind und Wellen

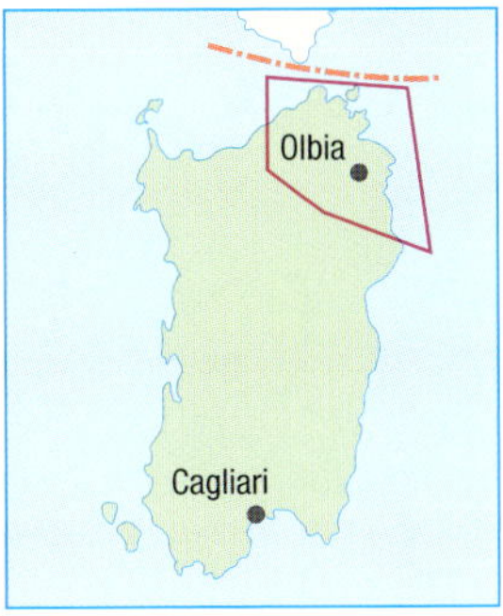

Abwechslungsreich und landschaftlich besonders schön präsentiert sich der Nordosten Sardiniens. Das großartig gezackte Granitmassiv des **Monte Limbara** kündet bereits die herrlich grüne Gallura an. In ihrem Zentrum liegt die aus Granit erbaute Stadt **Témpio Pausania** inmitten ausgedehnter Korkeichenwälder. Die wundervolle Küste bietet wahre Steingärten und immer wieder feinsandige Traumstrände. Die Krönung ist der **Arcipelago della Maddalena**, in dem kristallklares Wasser zu Tauchexkursionen und Badevergnügen einlädt. Gegenüber, auf der Hauptinsel, locken die versteckten sandigen Buchten und gelungenen Ferienanlagen der **Costa Smeralda**, die als Tummelplatz des Jetset in aller Welt bekannt wurde. Rings um das Landstädtchen Arzachena schließlich stehen die schönsten **Gigantengräber** der Insel, steinerne Zeugen eines archaischen Totenkultes.

26 Témpio Pausania

Stadt der Teppichweber inmitten uralter Korkeichenwälder.

Die Hauptstadt der Gallura liegt 570 m hoch in den Bergen auf einer Felsterrasse. Alle Gebäude des Ortes sind unverputzt, ihre Mauern wurden aus dem lokalen, **dunkelgrauen Granit** errichtet, was zunächst finster, fast abweisend wirken mag. Dennoch gehört das erstmals 1173 urkundlich erwähnte Témpio Pausania mit seinen knapp 14 000 Einwohnern zu den lebhaftesten Städten des Inselinneren. Das Agrarzentrum besitzt seit 1836 Stadtrechte, ist Bischofssitz und den Sarden wegen einer gesundheitsfördernden Mineralquelle und der hier heimischen Teppichweberei ein Begriff.

Die engen Altstadtgassen, auch sie mit großen Steinplatten aus Granit belegt, sind größtenteils einspurig. Viele erweisen sich überraschend als Sackgassen, denn sie münden in der Fußgängerzone Via Roma, die im Osten unterhalb der zentralen **Piazza San Pietro** beginnt. An dem schmalen Platz steht u. a. die große Pfarrkirche *San Pietro* aus dem 15. Jh. mit großzügigem, barockem Portal und frei stehendem Glockenturm. Vor dem Gotteshaus geht es über einige Stufen nach Westen hinab zur geschäftigen **Via Roma**, die ganz gerade durch die Innenstadt zur Piazza d'Italia führt. Abends ist

◁ Unbeschwerte Badefreuden verheißen das klare Wasser und die einsamen Buchten um das Capo Testa an der Nordspitze Sardiniens

Den granitgrauen Häusern verdankt Témpio Pausania den Ruf einer düsteren Stadt

sie Schauplatz der *Passeggiata*, die sich bei schönem Wetter entlang des anmutigen **Viale Fonte Nuova** bis zum 1 km westlich gelegenen Park der Mineralquellen fortsetzen kann. Frisch und klar sprudelt das Heilwasser aus diesen öffentlichen **Fonti di Rinaggiu**. Das umliegende Wäldchen ist als Picknickplatz sehr beliebt.

Dazu trägt sicher auch der wundervolle Blick auf die rötliche Zackenkrone des **Monte Limbara** bei, die sich im Südosten wie eine Theaterkulisse über der Stadt erhebt. Von dessen ›Aussichtsbalkon‹ auf dem 1359 m hohen Berggipfel überblickt man bei klarem Wetter die gesamte Gallura. Man kann bis ganz hinauf mit dem Auto fahren. Knappe 18 km lang ist die Serpentinenstraße, die von Témpio aus die 850 m Höhenunterschied überwindet. In den unteren Lagen wachsen zwischen grau- und rosafarbenen Granitbrocken Lärchen und Kiefern, weiter oben werden sie zunehmend von ausladenden Zedern abgelöst. Allenthalben sind Picknickplätze an der aussichtsreichen Straße angelegt und aus den Quellen am Wegrand füllen Sarden sich frisches Trinkwasser ab.

Aggius

In einer Senke im Schatten des 789 m hohen *Monte Sozza* liegt das malerische Dörfchen 6 km nordwestlich von Témpio. Die beiden Orte verbindet eine zu Recht **Strada Panoramica** genannte Trasse, die sowohl herrliche Ausblicke auf Témpio mit dem Monte Limbara als auch

Um Témpio Pausania sind geschälte Korkeichen ein alltäglicher Anblick

Der Reichtum der Wälder

Im Herbst sind sie um Témpio Pausania ein alltäglicher Anblick, die hoch beladenen Lastwagen, mit denen Einheimische das wichtigste Wirtschaftsgut der Region aus den Wäldern transportieren – **Korkeichenschalen**. Wo sie herkommen, erkennt man unschwer an den von der Krone bis zu den Wurzeln abgeschälten, kahlen Stämmen. Wegen ihrer leuchtend roten Farbe sagt man auch, sie ›bluten‹. Die waldreiche Gegend zwischen Témpio Pausania und dem 10 km nördöstlich gelegenen **Calangiánus** ist das Zentrum der sardischen Korkproduktion, hier bringt man 70% der gesamten italienischen Korkernte ein.

Viel Geduld gehört zu diesem traditionellen **Handwerk**, denn die erste, noch wenig brauchbare Rinde lässt sich erst 10–12 Jahre nach dem Pflanzen der Bäume abziehen. Bis zu einem Dutzend Mal kann die Korkeiche dann geschält werden, wobei die gewonnene Rinde immer besser, d. h. dicker und dichter, wird. Gemäß einem EU-Gesetz dürfen die Bäume heute nur noch alle zehn Jahre ihrer kostbaren ›Haut‹ beraubt werden. Der Kniff, wie man die Eichen unterhalb der Kronen anschneiden muss, um die Rinde mit einem Ruck in möglichst langen Streifen abzuziehen, wird von Generation zu Generation weitergegeben.

Auch die **Korkverarbeitung**, auf Sardinien vielfach noch in familiärer Heimarbeit betrieben, ist recht aufwendig. Zunächst wird die Rinde in großen Steintrögen gekocht, anschließend presst man die noch warmen Korkstücke zu Platten und lässt sie an der Sonne trocknen. Erst danach folgt die eigentliche Verarbeitung zu Flaschenkorken, Schuhsohlen, Bodenplatten, Tapeten oder zu kunsthandwerklichen Gegenständen wie Dosen, Bilderrahmen, Intarsien, Vasen etc.

auf das zackige Granitmassiv über Aggius ermöglicht. In den aus dunklem Granit erbauten Häusern wird die Tradition der Handweberei gepflegt, vor allem der Teppichherstellung.

i Praktische Hinweise

Hotels

***Petit Hotel**, Piazza De Gaspari 10, Témpio Pausania, Tel. 0 79 63 11 34, Fax 0 79 63 17 60, www.petit-hotel.it. Ordentliches, größeres Hotel mit gutem Restaurant am städtischen Anfang des Viale Fonte Nuova.

***Delle Sorgenti**, Via delle Fonti 6, Témpio Pausania, Tel. 0 79 63 00 33, Fax 0 79 67 15 16. Zweckmäßiges Kurhotel mit Restaurant und Pool bei den Mineralquellen.

27 Santa Teresa di Gallura

Fischerdorf und Ferienort beim beliebten Capo Testa mit seinen Sandstränden.

Nur 12 km trennen Santa Teresa di Gallura (4450 Einw.) an der äußersten Nordküste Sardiniens vom französischen Korsika. Die **Bocche di Bonifacio**, die Meerenge zwischen beiden Inseln, besticht durch kristallklares Wasser. Man kann es ausgiebig genießen, denn die Felsen an der Küste geben immer wieder herrliche Badebuchten und -strände frei.

Die traumhaft schöne **Natur** ist touristisch ein Trumpf für das Hafenstädtchen, das der Piemonteser König Vittorio Emanuele I. erst 1803–08 für korsische Siedler gründen und nach seiner Ehefrau Maria Teresa benennen ließ. Tatsächlich ist die Lage auf einem vorspringenden Felsplateau, den tiefen Hafenfjord zu Füßen, sehr hübsch. Entsprechend wuchs der Besucherstrom an und seit den 80er-Jahren des 20. Jh. bietet entlang der rechtwinklig angelegten Straßen eine ausgewogene Hotellerie Unterkünfte für jeden Geldbeutel. Zahlreiche Bars und Cafés tragen das Ihre zur Beliebtheit des Fremdenverkehrsortes bei.

Die niedrigen Häuser der Altstadt drängen sich um die großzügige **Piazza Vittorio Emanuele**, den städtischen Mittel- und gesellschaftlichen Treffpunkt von Santa Teresa di Gallura. Eine historische Sehenswürdigkeit besitzt der relativ junge Ort in der spanischen **Torre Aragonese**. Der mächtige, zinnenbekrönte Rundturm mit im 20. Jh. angebauter Außentreppe gehört zu dem ansonsten verfallenen *Castell Longone* aus dem 16. Jh. Er steht auf einem Felsvorsprung im Norden der Altstadt, der steile Weg hinauf nimmt nur 2–3 Min. in Anspruch. Oben genießt man von einer Terrasse am Fuß des Turmes einen stimmungsvollen Ausblick. Nach Westen erstreckt sich der beliebte, fast weißsandige Hausstrand **Rena Bianca** mit seinen bunten Umkleidekabinen. Auch der **Hafen** im Osten der Stadt ist einen Abstecher wert, denn neben Fähr- und Sportbooten liegen dort bunte Fischerboote vor Anker, die noch jeden Tag ausfahren.

In Aggius wird die alte Kunst des Teppichwebens noch liebevoll gepflegt

Capo Testa

Vorbei an der Feriensiedlung **Santa Reparata**, einem Paradies für Surfer mit halbrunder Sandbucht im Norden und der **Spiaggia La Colba** im Süden, sind es nur 5 km bis Capo Testa. Das spektakuläre Kap ist durch einen nur wenige hundert Meter langen natürlichen Damm mit der Hauptinsel verbunden. Rechts und links locken helle Sandstrände, die zwar schmal sind, aber zu den schönsten ganz

Der Wind schliff alle Kanten ab und doch sind die Felsen des Capo Testa einzigartig

Sardiniens gehören. Die Halbinsel selbst ist berühmt für ihre bizarren **Felslandschaften**, die mal schroff und wild gezackt, mal in sanften, von Wind und Wellen ausgeschliffenen Rundungen entlang der Küste zauberhafte sandige Badebuchten umschließen. Der Bauboom der letzten Jahre tat Capo Testa nicht immer gut, was seiner Beliebtheit als Ferienort freilich nicht geschadet hat.

i Praktische Hinweise

Information

AAST, Piazza Vittorio Emanuele 24, Santa Teresa di Gallura, Tel. 07 89 75 41 27, Fax 07 89 75 41 85

Schiff

Navarma, Via del Porto, Santa Teresa di Gallura, Tel. 07 89 75 14 49. Tgl. häufige Fährverbindungen zum korsischen Bonifacio und mit dem italienischen Festland.

Saremar, Via del Porto, Santa Teresa di Gallura, Tel. 07 89 75 41 56, www.saremar.it. Während der Saison bis zu fünfmal tgl. Autofähren nach Korsika. Außerdem tgl. Bootsausflüge nach La Maddalena.

Hotels

******Grand Hotel Corallaro**, Rena Bianca, Santa Teresa di Gallura, Tel. 07 89 75 54 75, Fax 07 89 75 54 31, www.hotelcorallaro.it. Behindertengerechtes Komforthotel mit Swimmingpool am östlichen Stadtrand. Die vorderen Zimmer bieten einen hübschen Blick auf den Strand.

****Bocche di Bonifacio**, Capo Testa, Tel. 07 89 75 42 02, Fax 07 89 75 90 09. Einfaches Hotel mit schöner Aussicht. Gutes Essen.

Restaurant

Canne al Vento, Via Nazionale 23, Santa Teresa di Gallura, Tel. 07 89 75 42 19. Gourmettreff für Kenner traditioneller sardischer Küche.

28 Arcipelago della Maddalena

Einladende Naturschönheiten, umgeben von einem Unterwasserparadies.

Das Fähr- und Fischerdorf **Palau** (3650 Einw.) an Sardiniens Nordküste ist der beste Ausgangspunkt für einen Besuch des Arcipelago della Maddalena. Es bietet jedoch auch selbst ein liebenswertes Ambiente und kann zusammen mit den benachbarten Ferienorten von Nachtleben bis Tauchausflügen mit allem aufwarten, was das Touristenherz begehrt. Z. B. ist die Bucht **Porto Puttu** im Westen als hervorragendes Surfrevier bekannt. Beliebt ist von **Palau** aus auch ein Abstecher zum Capo d'Orso 5 km östlich. Dort haben Wind und Wetter einen hohen Felsen derart geformt, dass er aussieht wie ein angriffslustiger Bär.

Die sieben Inseln La Maddalena, Caprera, Santo Stefano, Spargi, Budelli, Santa Maria, Razzoli (insgesamt 12 000 Einw.) und viele kleinere Felsen bilden den **Parco Nazionale Arcipelago della Maddalena** (TOP TIPP) (Tel. 0 78 97 90 21, www.parconazionalelamaddalena.it). Der Wasser- und Naturschutzpark umfasst rund 130 km², davon 60 km² zu Lande und 70 km² Meer. **Taucher** geraten angesichts der vielfältigen Unterwasserwelt ausnahmslos ins Schwärmen: Zerklüftete Granitwände oder Höhlen sind die Heimat von Bärenkrebsen, Langusten, Congeraalen und Muränen, etwas tiefer bieten wogende

Oben: *Östlich von Palau ragt hoch über dem Städtchen die markante Felsformation Capo d'Orso auf. Mit etwas Fantasie kann man in ihr tatsächlich einen Bären erkennen*
Unten: *Zackenbarsche sind in den Küstengewässern wärmerer Meere zu Hause. In den Tauchgründen vor La Maddalena kann man wahre Prachtexemplare beobachten*

Seegraswiesen, gelbe Krustenanemonen sowie rote Gorgonien ein farbenprächtiges Schauspiel. Dazwischen tummeln sich Drachenköpfe, Mönchsfische, Seriolas, Brassen und immer wieder kapitale Zackenbarsche.

Die Hälfte der Insel Santo Stefano nimmt ein *Militärstützpunkt* der US-Marines bzw. der NATO ein und ist daher für Urlauber tabu. Doch auch der restliche Archipel ist sehenswert und ein einziger Tag reicht kaum, um die Inseln in ihrer vollen Schönheit zu erfassen. Die oft rau anmutenden Felsspitzen sind Reste einer vor Jahrmillionen versunkenen **Landbrücke** zwischen Sardinien und Korsika.

Kühner Kämpfer für die Freiheit – so lieben die Italiener ihren Nationalhelden

Für Volk und Vaterland

Giuseppe Garibaldi (1807–1882), der in Nizza geborene Sohn einer Fischerfamilie, begann seine **Militärlaufbahn** in der Marine des Königreiches Sardinien-Piemont. 1833 schloss sich Garibaldi Mazzinis Freiheitsbewegung an, musste aber nach einem missglückten Aufstand gegen die Monarchie 1834 ins Exil nach Südamerika flüchten. Als 1848 in Italien die Revolution begann, kehrte er zurück und kämpfte in der Lombardei erfolgreich gegen die Österreicher. 1849 jedoch scheiterte die ausgerufene römische Republik und wieder ging Garibaldi ins amerikanische Exil. Nachdem er die Erlaubnis zur Rückkehr nach Italien erhalten hatte, siedelte er sich auf Caprera an, wo er ab 1855 als Landwirt lebte und 1882 auch friedlich starb.

Die Jahre dazwischen waren von militärischem Engagement und Wagemut geprägt, was ihm schließlich den Ehrentitel **Leone di Caprera**, Löwe von Caprera, einbrachte. Trotz seiner Arthrose schloss er sich bereits 1859 erneut der italienischen Freiheitsbewegung an. Zu seinen berühmtesten Feldzügen gehört die **Spedizione dei Mille**, der ›Zug der Tausend‹ gegen Sizilien, das er mit seinen Freiwilligen 1860 in kurzer Zeit eroberte. Von dort aus stürzte er mithilfe piemontesischer Truppen auch auf dem italienischen Festland die Bourbonen. Neben König Vittorio Emanuele II. zog Garibaldi in Neapel ein und schuf damit die Grundlage für das **Königreich Italien**. Seine militärischen Verdienste, aber auch sein Widerspruchsgeist und seine hitzige Natur machten aus Giuseppe Garibaldi noch zu Lebzeiten den Nationalhelden des **Risorgimento**, des italienischen Freiheitskampfes schlechthin.

Geschichte Zwar wurden auf der mit 20 km² größten Insel, La Maddalena, prähistorische Dorfreste gefunden, doch eine nennenswerte Besiedlung erfolgte erst Anfang des 18. Jh. Eingewanderte **Korsen** lebten hier in relativer Freiheit. Da sie weder Zölle noch Steuern zahlen mussten, brachten sie es zu einigem Wohlstand. 1767 überzeugte piemontesisches Militär die Inselbewohner, sich Sardinien anschließen. Die einstigen Korsen zogen nun von der kleinen Hochebene an die Südküste und gründeten dort 1770 die Hafenstadt La Maddalena. 1855 siedelte der italienische Freiheitsheld **Giuseppe Garibaldi** auf der Nachbarinsel Caprera. 1887 begannen die Italiener mit dem Ausbau La Maddalenas zur **Seefestung**. Die ebenfalls zu dieser Zeit entstandenen ansehnlichen Stadthäuser prägen noch heute das Gesicht der Inselhauptstadt.

Besichtigung Täglich steuern Autofähren von Palau oder Santa Teresa di Gallura aus La Maddalena an, den Hauptort der gleichnamigen Insel. Man kann sie und Caprera mit dem Wagen erkunden, ein Damm verbindet die beiden Eilande.

Isola della Maddalena

Der rege Fährhafen der Kleinstadt **La Maddalena** liegt am Fuße des Hügels *Guardia Vecchia* nahe der großen Piazza Garibaldi. Zum Meer hin ist der Platz mit hübschen schmiedeeisernen Laternen geschmückt. Neuere Häuser wurden im angedeuteten Neorenaissance-Stil an die pastellfarbigen Bauten aus dem 19. und 18. Jh. ringsum angepasst. Dahinter erstreckt sich die enge Altstadt mit der Fußgängerzone.

Folgt man von der Piazza Garibaldi aus dem Schild ›Strada Panoramica‹ nach Norden, sieht man im Ortsteil *Mongiardino* rechts den schlichten Bau des **Museo Archeologico Navale Nino Lambogia** (Tel. 07 89 79 06 60, Di–So 10– 12.30 Uhr). Das kleine Museum für Unterwasserarchäologie zeigt die Funde – vor allem Keramik und Hausrat – aus einem 120–100 v. Chr.

vor der Nachbarinsel Spargi gesunkenen römischen Transportsegler.

Die **Strada Panoramica** führt weiter zu den landschaftlichen Höhepunkten der Insel. In teilweise scharfen Kehren windet sich die Panoramastraße in beständigem Auf und Ab durch die bizarre Küstenlandschaft der vom Wind zerklüfteten Granitfelsen. Von hoch oben sind kleine bis winzige Sandstrände an tiefen Fjorden zu sehen. Gut erreichbar, auch mit dem Wagen, ist beispielsweise die grobsandige **Cala Spalmatore** im Norden, die in ihrem Scheitelpunkt eine Mole für Sportboote besitzt. Das benachbarte, von Granitfelsen eingerahmte **Porto Massimo** verfügt über einen geschäftigen Sporthafen, um den eine Feriensiedlung mit Tauchklub und Segelschule entstand. Einen fast weißen Sandstrand und kleine Dünen formen ein Stück weiter die **Baia Trinità**.

Immer wieder zweigen Wege zur Guardia Vecchia ab, dem höchsten Punkt der Insel. Auf seinem 146 m hohen Gipfel steht die **Fortezza di Guardia Vecchia**, von der aus man die Stadt La Maddalena sowie weite Teile der Insel, des Archipels und Sardiniens überblickt. Die Festung stammt aus dem 18. Jh. und wurde im 19. Jh. um Kanonenstellungen erweitert.

Oben: *Selbst große Fährschiffe legen im geschäftigen Hafen von La Maddalena an*
Unten: *Große, kleine, bauchige, schlanke – an Amphoren herrscht im Museo Archeologico Navale Nino Lamboglia kein Mangel*

Im Frühjahr reicht ein bunter Blütenteppich bis nahe an die felsige Küste der Isola della Maddalena heran. Zum Greifen nah scheint von hier aus die Nachbarinsel Korsika

Auch wer sich nicht für Militärisches erwärmen kann, sollte einen Blick auf die geschickt in die Granitfelsen eingefügte Anlage werfen; man erkennt kaum, wo der Fels aufhört und die gebaute Festung beginnt.

In diesem Bett auf seinem Anwesen starb Giuseppe Garibaldi am 2. Juni 1882

Isola di Caprera

Über den **Passo di Moneta**, einen unansehnlichen, 600 m langen Damm, ist La Maddalenas Hauptort mit dem knapp 16 km² umfassenden Caprera verbunden. Auch die östliche Nachbarinsel besteht größtenteils aus Granit, ist aber dicht mit hohen Pinien und duftender Macchia bestanden. Die wilde Schönheit berührte auch Giuseppe Garibaldi, der sich in seiner zweiten Lebenshälfte auf Caprera niederließ. Die Italiener verehren ihren Freiheitskämpfer so sehr, dass seine **Casa Garibaldi** im Inselinneren zum Nationaldenkmal erklärt wurde.

Das auf dem Anwesen Garibaldis eingerichtete **Museo Garibaldiano di Caprera** (tgl. 9–13.30 Uhr) kann im Rahmen von Führungen besichtigt werden. Im Wohnhaus stehen umgebaute Rollstühle, die der schwer an Arthrose erkrankte Garibaldi in seinen letzten Jahren zur Fortbewegung benötigte. Nach dem Gang durch Küche, Speisekammer und das schlichte Arbeitszimmer kann man das Sterbebett des Freiheitsidols sehen. Wie damals steht es mit Blick auf Korsika, ist aber heute unter Glas und hinter schmiedeeisernen Gittern gesichert.

Im Garten führt ein gepflasterter Weg durch Macchia zur *Familiengrabstätte*. Hier liegt Garibaldi in einem Sarkophag aus unbehauenem Granit, ringsum fanden fünf seiner acht Kinder und seine dritte Frau Francesca Armosino ihre letzte Ruhestätte.

Von *Stagnali*, dem einzigen Ort Capreras im Inselsüden, führen Bootsausflüge zu den schönsten Stränden der Nachbarinseln, etwa zur strahlend weißen Cala Corsara auf **Spargi**.

Praktische Hinweise

Information

AAST, Via Nazionale 94, Palau, Tel./Fax 07 89 70 95 70. – **AAST**, Via XX. Settembre 24 (Cal Gavetta), La Maddalena, Tel. 07 89 73 63 21, Fax 07 89 73 66 55. – www.lamaddalena.com

Schiff

Saremar, **Tris**, **Tremar**, Piazza del Molo 2, Palau, Tel. 07 89 70 92 70, www.saremar.it. Tgl. Ausflugsfahrten nach Santa Teresa di Gallura sowie nach La Maddalena (Fahrzeit 20 Min.). Ein Preisvergleich lohnt sich!

Tauchschule

Diving Center Porto Massimo, im Hotel Cala Lunga, La Maddalena, Tel. 07 89 73 40 42, www.subcenterparma.it. PADI-Tauchschule mit umfangreichem Kursangebot und Ausrüstungsverleih. Geführte Tauchexkursionen in die farbenprächtige Unterwasserwelt des Archipels.

Pfeilschnell flitzen bei Porto Puttu westlich von Palau Surfer über das glasklare Wasser

Auf dem silbernen Tablett präsentieren Paolo und Beniamino d'Amore die Spezialitäten des Restaurants La Gritta

Hotel

*****Cala Lunga**, Porto Massimo, La Maddalena, Tel. 07 89 79 35 00, Fax 07 89 73 40 33. Komfortables, sportorientiertes Klubhotel mit auch für Familien attraktiven Freizeitangeboten.

Restaurants

TOP TIPP **La Gritta**, Porto Faro, 2 km nordwestlich von Palau, Tel. 07 89 70 80 45. Das mit einem Michelin-Stern ausgezeichnete, freundlich geführte Restaurant ist bekannt für seine Fischspezialitäten und die traditionellen sardischen Gerichte. Mit Wintergarten und schönem Blick über die Inseln des Maddalena-Archipels (außerhalb der Urlaubszeiten Mi geschl.).

Mangana, Via Mazzini 2, La Maddalena, Tel. 07 89 73 84 77. Kleines Restaurant im Hafenviertel m galluresischer Küche.

Zio Nicola, Riva dei Lestrigoni 1, Palau, Tel. 07 89 70 85 20. Mittelpreisiges, hervorragendes Lokal mit Fischspezialitäten und reicher *Antipasti*-Auswahl. Innen nüchtern eingerichtet, draußen mit Blick über Hafen und Meer.

Der niedrige Eingang zum Gigantengrab von Coddu Vecchiu besaß wohl symbolischen Charakter

Bauten für die Ewigkeit

So riesenhaft sind die Megalithsteine der um 2000 v. Chr. entstandenen Kollektivgräber im Norden Sardiniens, dass der Volksmund sie nur Tombe dei Giganti, **Gigantengräber**, nennt. Tatsächlich handelt es sich um eine Art Dolmen aus vornuraghischer und nuraghischer Zeit. Sie bestehen aus einem in die Erde eingelassenen, gänzlich mit großen Steinplatten verkleideten Grabkorridor, über dem ursprünglich ein Erdhügel aufgeschüttet war. Später wurden außen um den Eingang bis zu 6 m hohe Steinplatten als **Stelen** aufgestellt. Sie umringen die **Exedra**, einen kreis- oder halbkreisförmigen Platz, der kultischen Zwecken diente.

Manche Sarden halten die Steinsetzungen für **magische Orte**. Sie besuchen eine Tomba dei Giganti, um am Eingang der Hauptstele die angeblich vorhandenen Energieströme zur Heilung von körperlichen Beschwerden und zur geistig-seelischen Stabilisierung zu nutzen.

29 Arzachena

Lebhaftes Städtchen mit interessanten Gigantengräbern in der Umgebung.

Landeinwärts liegt das Städtchen in 83 m Höhe an den Ausläufern der steinigen, windzerzausten Gallura. 1776 wurde an dieser Stelle *Santa Maria della Neve* erbaut. Erst in der zweiten Hälfte des 18. Jh. begannen sich die bis dato einzelnen Häuser um die Kirche zu einer Ortschaft zu verdichten. Heute genießt Arzachena einen gewissen Ruf als **Einkaufszentrum**, nicht zuletzt für die zahlreichen Bewohner der Ferienhäuser und -wohnungen am lang gezogenen Golfo di Arzachena. Das kleine Dorfzentrum um die **Piazza Risorgimento** wurde vor einigen Jahren zur Fußgängerzone erklärt, mit Granitplatten belegt und mit hellen steinernen Ruhebänken ausgestattet.

Doch trotz dieser Bemühungen kommt man eigentlich wegen der nahen **Tombe dei Giganti** nach Arzachena. Vom Ortszentrum aus gut ausgeschildert, liegen diese Gigantengräber alle etwa im Südwesten des Ortes.

Ca. 2 km westlich von Arzachena biegt man von der S.P. 14 Richtung Luogosanto zur gut erhaltenen **Tomba dei Giganti Coddu Vecchiu** ab. Vor einem sanften Hügel sind halbkreisförmige Steinplatten aufgestellt, in deren Scheitelpunkt die 4,4 m hohe zentrale Stele aufragt. Darin befindet sich in Bodennähe eine halbrunde, ca. 50 cm breite Öffnung, um die ein umlaufender Wulst gemeißelt ist. Sie soll vermutlich den Übergang zwischen Diesseits und Jenseits symbolisieren. Dahinter liegt der teilweise aufgedeckte, 10 m lange Grabkorridor.

Hinter Coddu Vecchiu erhebt sich der Hügel der *Tenuta di Capichera* mit dem gleichnamigen Weingut. An ihm vorbei gelangt man über eine Piste wieder Richtung Arzachena zur ausgeschilderten Nekropole **Li Muri**. Die von einer niedrigen Steinmauer eingefasste Grabanlage auf einer Anhöhe besteht aus fünf Kistengräbern des späten Neolithikum (3500–2700 v. Chr.). Diesen Hockgrabtypus kennzeichnen vier als Wände in die Erde versenkte Steinplatten, die oben von einem Deckquader abgeschlossen wurden. Ringsum finden sich kreisförmig angelegte kleinere Steinreihen, die einen ursprünglich aufgeschütteten Erdhügel vor dem Abrutschen absichern sollten. In den kleineren Steinkästen neben den eigentlichen Gräbern wurden Speiseopfer dargebracht. Man geht davon aus, dass in Li Muri bedeutende Persönlichkeiten einer vornuraghischen Hirtenkultur bestattet wurden, fand man doch 1939 bei Ausgrabungen wertvolle Grabbeigaben, u. a. Perlen, Steinäxte und eine Tonschüssel.

Etwa 1,4 km entfernt liegt die von der Nekropole aus ausgeschilderte **Tomba Nuragica Li Lolghi**, ein Gigantengrab aus der Zeit um 1800–1200 v. Chr. Es ähnelt dem von Coddu Vecchiu, nur ist die 3,7 m hohe, tief in den Boden eingelassene Hauptstele schmucklos. Der kleine halbrunde Eingang darin führt direkt in den 27 m langen Grabgang. Die Seitenwände sind erhalten, doch von den einstigen Deckplatten blieb nur eine im rückwärtigen Teil erhalten.

30 Baia Sardinia

Moderner Ferienort an sandiger Bucht mit zauberhaftem Macchia-Hinterland.

8 km weit reicht der fjordähnliche **Golfo di Arzachena** von der Küste in die grüne Landschaft der Gallura. An seinem nordöstlichen Ende liegt im Schutze einer fast geschlossenen Sandbucht die ab den 70er-Jahren des 20. Jh. entstandene Feriensiedlung Baia Sardinia. Sie orientiert sich in ihrem Erscheinungsbild am Charakter der 5 km südlich beginnenden Costa Smeralda, ist aber im Unterschied zu jener auch für weniger begüterte Touristen erschwinglich und entsprechend gut besucht. Es lockt die schöne Lage zwischen Fjord und Maddalena-Archipel. Außerdem verstecken sich am Meer verträumte Sandbuchten zwischen glatt geschliffenen Felsen. Duftende Macchiabüsche und Schatten spendende Schirmpinien rücken hier nahe an die Küste.

Den Mittelpunkt des Ferienortes bildet die großzügige, als Fußgängerzone ausgewiesene *Piazza*, die von Cafés und Restaurants umgeben ist. Sie liegt oberhalb des hellsandigen Hausstrandes im Scheitelpunkt der Bucht, den man einfach **Spiaggia di Baia Sardinia** nennt. Er ist zwar nur 200 m lang, aber einladend mit Liegen und Sonnenschirmen ausgestattet. Im nordwestlichen Viertel *Porto Piccolo* und an den Südhängen Baia Sardinias spendet hoher Pinienwald den dortigen Privatvillen und Apartmentanlagen Schatten.

Türkisblaues Wasser und feiner, heller Sand zeichnen die kleine Spiaggia di Baia Sardinia aus, der beliebte Strand liegt unmittelbar an der gleichnamigen Feriensiedlung

Harmonisch fügt sich die luxuriöse Ferienanlage Cala di Volpe an der gleichnamigen Bucht in die Landschaft. Die Architektur ist eine Mischung aus historisch-maurischen und neosardischen Stilelementen

Praktische Hinweise

Nachtleben

Ritual, Via Porto Cervo, Baia Sardinia (ca. 1 km südlich Richtung Costa Smeralda), Tel. 0 78 99 90 32. In der gut besuchten Diskothek ist Tanzen bis zum frühen Morgen angesagt (nur im Sommer).

Hotels

******Club Hotel Baia Sardinia**, Spiaggia di Baia Sardinia, Tel. 0 78 99 90 06, Fax 0 78 99 92 86, www.bajahotels.it. Das beliebteHaus mit kleinen Zimmern direkt am Hauptstrand hat auch einen kleinem Privatstrand hinter dem Pinienwald. Vielfältiges Sportangebot (Nov.–März geschl.).

******Porto Piccolo**, Località Porto Piccolo, Baia Sardinia, Tel. 0 78 99 93 83, Fax 0 78 99 93 82, www.bajahotels.it. Attraktives Apartmenthotel am Meer mit Swimmingpool unter schattigen Pinien, mit Tennisplätzen und zwei Restaurants.

Restaurants

Baia Blu, Piazza Centrale, Baia Sardinia, Tel. 0 78 99 90 85. Freundliches Restaurant mit Fischspezialitäten und Krustentieren. Qualitätvoll und höherpreisig.

L'Approdo, Spiaggia di Baia Sardinia, Tel. 0 78 99 90 60. Direkt am Strand gelegene Pizzeria mit Terrasse und Bar. Hochpreisig (Winter geschl.).

31 Porto Cervo und Costa Smeralda

Wahr gewordener Traum vom Ferienidyll an Sardiniens schönster Küste.

Rund 20 km lang ist die **Smaragdküste**, deren romantische, zerklüftete Uferlinie das hier klare, grün schimmernde Wasser des Mittelmeers von Porto Cervo im Nor-

den bis zum Golfo di Cugnana im Süden begleitet. Die Küste ist geprägt von vielgestaltigen Felsbuchten, doch auch lange, feinsandige Strände wie die beiden von *Cala di Volpe*, der ›Bucht des Fuchses‹, gehören zur Costa Smeralda.

Porto Cervo, übersetzt ›Hafen des Hirsches‹, gilt als Kern der Costa Smeralda und **Edelferienort** Sardiniens. Er entstand in den 60er-Jahren des 20. Jh. auf dem Reißbrett nach einer Idee von Aga Khan, dem sagenhaft reichen Oberhaupt der islamischen Ismailiten.

Das Ortsbild wirkt harmonisch, die kleinen Häuser des vollkommen planmäßig angelegten Ortes schmiegen sich an die sanft ansteigende Bucht. Die meisten der großen Jachten liegen an den Molen der hochmodernen **Marina** im Westen um den *Yacht Club* vor Anker. Einige dümpeln allerdings auch im malerischen *Porto Vecchio*, der sich bis in einen lang gestreckten Meerarm im Osten der Bucht hineinzieht. Auf der aussichtsreichen Terrasse darüber wurde die großzügige *Piazza* angelegt, auf der sich das mondäne Leben wohlhabender Urlauber und Jachtbesitzer abspielt. Ringsum stehen die hübschesten Häuser mit klaren Rundbögen und offenen Loggien, miteinander durch enge Treppengassen verbunden. Im Erdgeschoss befinden sich feine Boutiquen und Immobilienfirmen, darüber Wohnungen. Es ist schwer zu erkennen, ob der pastellfarbene Putz der Häuser bereits abblättert oder absichtlich verwaschen aufgetragen wurde. Der authentische Eindruck gehörte nämlich zum Konzept Aga Khans.

Zwischen Piazza und Marina steht das Kirchlein **Santa Maria di Stella**, ebenfalls in den 1960er-Jahren in einer Mischung aus maurischem und neosardischem Stil errichtet. Strahlend weiß sind die Mauern des Gotteshauses, die Ziegeldächer leuchten rot in der Sonne. Das Gebäude wirkt wie aus Knetmasse geformt: Das schmale Vordach stützt sich auf unbehauene Granitquader, die an Stelen von Gigantengräbern erinnern. Der sich etwas verjüngende Glockenturm, der einem engen Nuraghen ähnelt, scheint aus der geschwungenen Fassade herauszuwachsen. Innen ist Santa Maria mit un-

Porto Cervo ist das Paradebeispiel einer gelungenen Feriensiedlung

Das moderne Großreich des Aga Khan

Zu Beginn der 1960er-Jahre führte nicht einmal eine Straße zu den herrlichen Buchten im Nordosten Sardiniens. Es gab keine Wasserleitung und keinen Strom, geschweige denn Telefon. Dieses Stück der Gallura stand auf keinem Entwicklungsplan. In den smaragdgrünen Wassern vor der zerklüfteten Küste machte 1961 Prinz Karim Aga Khan auf seiner Jacht Urlaub, das superreiche religiöse Oberhaupt von 20 Mio. Ismailiten. Der Prinz war damals gerade 25 Jahre alt, doch von einer imposanten Geschäftstüchtigkeit. Mit ihm als Impulsgeber beteiligten sich viele Investoren gern an dem Projekt, die Inselregierung kümmerte sich um die notwendige Infrastruktur, um Straßenbau, Kanalisation und Stromzufuhr.

Am Anfang stand das Kunstwort **Costa Smeralda** als Arbeitstitel. 1962 gründete der Harvard-Schüler das ›Consorzio Costa Smeralda‹, das 236 km^2 felsiges, für die Landwirtschaft unbrauchbares Land an der Küste aufkaufte. Für die Planungen konnte Aga Khan viele Berühmtheiten gewinnen. Speziell für Porto Cervo entwarf beispielsweise der Mailänder Architekt Luigi Vietti den sog. **neosardischen Stil** mit geschwungenen, weich wirkenden Fronten in zarten Pastellfarben. Cala di Volpe, das bis heute exklusivste Hotel an der Costa Smeralda, und einige Privatvillen plante Jacques Couëlle, der 1975 in die Académie Française gewählt wurde. Es wurde an nichts gespart und bald zog es die Reichen und Schönen in das perfekt erschlossene Urlaubsparadies. Namen wie Roger Moore, Brigitte Bardot, Mick Jagger, Lady Di und Prince Charles sorgten für Gesprächsstoff und zogen weitere Gäste der **High Society** an. Auch wenn sich dies heute gewandelt hat, bleibt die Costa Smeralda doch ein kostspieliges Pflaster.

Ebenfalls Bestand hat der behutsame **architektonische Ansatz**, der Neubauten in die schönen, vom Wind geschliffenen Granitfelsen der Gallura integriert, manche Häuser scheinen geradezu aus ihnen heraus zu wachsen. Hier lässt sich studieren, wie man sich von der Natur inspirieren lassen kann, statt sie niederzubauen. Doch die Idylle findet gewissermaßen unter Ausschluss der Öffentlichkeit statt. Zum Beispiel spielen nur wenige Besucher auf dem herrlichen Golfplatz, der im Sommer mit kostbarem Trinkwasser gegossen wird.

schätzbaren Kostbarkeiten ausgestattet: Die Holzbänke wurden aus dem duftenden Holz alter Wacholderbüsche geschnitzt, die beiden Weihwasserbecken sind Riesenmuscheln aus Polynesien, die kleine Orgel (16. Jh.) stammt aus Neapel. Doch die Krönung ist das *Altarbild*, eine Mater Dolorosa von El Greco. Wie in einer Legende kam die Kirche zu dieser Spende: Ein kleines Mädchen aus dem Hause Thyssen war sehr krank. Ihre Mutter schwor, sie werde der Kirche in Porto Cervo das kostbare Gemälde El Grecos schenken, sollte ihre Tochter genesen. Das Wunder geschah und Aga Khan konnte mit dem Gemeindepfarrer Don Raimondo Fresi das großzügige Geschenk entgegennehmen.

TOP TIPP Etwa 7 km südlich von Porto Cervo ist die Halbinsel **Capricciolì** gesäumt von den zauberhaftesten Miniaturbuchten der Costa Smeralda. Sie verstecken sich zwischen glatten Felsen, deren Farben von sandbeige über rötliches Ocker bis grauviolett reichen. An den Wochenenden tummeln sich hier sardische Familien, die Kinder plantschen in den kleinen natürlichen Becken. Die Felsen von Capricciolì sind frei zugänglich, sogar ein Linienbus fährt im Sommer von den wichtigsten Ferienorten der Umgebung hierher.

Unweit südlich davon setzt **Cala di Volpe** der Costa Smeralda sozusagen die

Alles fließt, auch die Formen von Santa Maria di Stella, der Kirche von Porto Cervo

Wellen, Regen und Wind gruben kleine Becken in die felsige Küste der Halbinsel Capricciolì, die heutige Urlauber mit Vorliebe als gemütliche Meerwasserpools nutzen

Auf die Piazza von Porto Cervo kommt man nicht nur, um Kaffee zu trinken. Mindestens ebenso wichtig ist die prächtige Aussicht auf die pastellfarbenen Häuser und den Jachthafen

Krone auf. Wie aus Ton geknetet wirkt der als Fischerdorf angelegte Komplex des luxuriösen Ferienhotels. Alle 125 Zimmer und 12 Suiten sind völlig unterschiedlich aber ›landestypisch‹ eingerichtet. Die Gemeinschaftsräume bieten gemütliche Ecken, in der hauseigenen Bucht schaukeln Jachten am langen Steg. Beiderseits locken zwei lange Sandstrände, die auch von auswärtigen Gästen benutzt werden dürfen. Hinter dem Hotel befindet sich in leichter Hanglage Sardiniens schönster Golfplatz *Il Pevero*.

i Praktische Hinweise

Schiff

Tirrenia Navigazione, am Hafen, Golfo degli Aranci, Tel. 07 89 20 71 00, www.tirrenia.com. Tgl. Fähren nach La Spezia und Fiumicino.

Corsica & Sardinia Ferries, am Hafen, Golfo degli Aranci, Tel. 0 78 94 67 80, www.corsicaferries.com. Tgl. Fähr- bzw. Schnellbootverbindungen mit Civitavecchia und Livorno.

Mit türkisblauem Wasser können alle Buchten um Porto Cervo aufwarten, aber ihr Name verschafft der Cala Romantica auf der Beliebtheitsskala einen gewissen Vorsprung

Hotels

TOP TIPP *****L **Cala di Volpe**, Località Cala di Volpe, Tel. 07 89 97 61 11, Fax 07 89 97 66 17, www.luxurycollection.com. Luxus pur in fantasievollem, etwas orientalisch anmutendem Ambiente. Am Steg des Privatstrandes legt seit Jahrzehnten der internationale Jetset an. Zum Angebot gehören Wassersport, Tennis und Golf ebenso wie ein Beauty Salon.

*****L **Pitrizza**, Località Porto Cervo, Tel. 07 89 93 01 11, Fax 07 89 93 06 11, www.luxurycollection.com. Zauberhaftes, ruhiges Hotel mit Flachbungalows (40 Zimmer, 15 Suiten) an einer kleinen Sandbucht mit kleinem Jachtanleger.

*****L **Romazzino**, Località Romazzino, Porto Cervo, Tel. 07 89 97 71 11, Fax 07 89 97 76 14, www.luxurycollection.com. Mediterranes Ambiente in Weiß und Blau vor langem Sandstrand. 78 Zimmer und sechs Suiten, hinzu kommen (Wasser-)Sport- und Beauty-Einrichtungen.

*****Cervo**, Località Porto Cervo, Tel. 07 89 93 11 11, Fax 07 89 93 16 13, www.sheraton.com/cervo. An der zentralen Piazza bietet das Hotel 108 Zimmern, zwei Suiten und fünf Restaurants. Erholungswerte sind auch Privatstrand, drei Pools, Sport- und Wellness Center.

****Luci di la Muntagna**, Località Porto Cervo, Tel. 0 78 99 20 51, Fax 0 78 99 22 90, www.altamarea.it. Eines der bescheideneren Hotels im Luxusort, nicht gerade ruhig.

***Residenza Capriccioli**, Località Capriccioli, Tel. 0 78 99 60 16, Fax 0 78 99 64 43, www.capriccioli.it. 34 Ferienapartments nahe den Felsbuchten von Capriccioli. Mit Pool und Tennisplatz.

Restaurants

La Petronilla, Località Sa Conca, Porto Cervo, Tel. 0 78 99 21 37. Gute Fischküche und toskanische Spezialitäten.

Da Gianni Pedrinelli, Porto Cervo, an der Provinzialstraße (Kreuzung zum Pevero Sud, 1,5 km), Tel. 0 78 99 24 36. Teureres, viel gelobtes Restaurant mit Sommerterrasse.

Dante, Località Sottovento, Porto Cervo, Tel. 0 78 99 24 32. Gutes Restaurant mit Pizzeria. Überzeugendes Preis-Leistungs-Verhältnis.

Zum Hotel Cala di Volpe gehört Il Pevero, einer der schönsten Golfplätze der Insel

32 Olbia

Bedeutender Hafen und angenehme Einkaufsstadt mit kleinem historischem Zentrum.

Die meist niedrigen Häuser der Stadt gruppieren sich im Scheitelpunkt an die flachen Ufer des fjordartigen **Golfo di Olbia**. Dieser wird im Norden von der Halbinsel mit *Golfo Aranci* begrenzt, im Süden vom bis zu 219 m aufragenden Höhenzug, der am *Capo Ceraso* endet. Vor dem Kap liegt die bis 558 m hohe, lang gestreckte **Isola Tavolara** mit meist senkrecht abfallenden Klippen.

Im 3. Jh. war das heutige Olbia unter dem Namen **Fausania** ein bedeutender römischer Hafen. Aus ihm entwickelte sich eine mittelalterliche *Civita*, die dem Judikat Gallura als Bollwerk gegen Sarazenenüberfälle diente. Unter der anschließenden pisanischen und spanischen Herrschaft verlor **Civita Terranuova** jedoch immer mehr an Bedeutung, was sich erst im 20. Jh. änderte. Seit 1939 trägt die Hafenstadt den Namen Olbia und erblühte Anfang der 1960er-Jahre mit Gründung der Costa Smeralda als das neue Tor nach Sardinien. Innerhalb kürzester Zeit stieg damals die Stadtbevölkerung von etwa 15 000 sprunghaft auf das Doppelte. Heute leben im **Verkehrsknotenpunkt** Olbia mehr als 46 000 Menschen. Über den regen Fährhafen an der Mole *Isola Bianca* reisen jährlich rund 700 000 Touristen ein. Mit dem Flugzeug landet man nur 4 km südlich der Stadt auf dem Flughafen von Olbia.

Neue Umgehungsstraßen zur Verkehrsentlastung des Hafengebiets sind fertiggestellt, der gesamte historische Stadtkern zwischen den Häfen *Porto Romano* im Norden und *Porto Turistico* im Süden ist dadurch verkehrsberuhigt. Abends und an den Wochenenden verwandelt sich der zentrale **Corso Umberto I**, der stadtauswärts in den **Corso Vittorio Veneto** übergeht, zur Fußgängerzone. Dann bereitet das Flanieren in der einladend von Geschäften gesäumten, überraschend schmalen Straße besonderes Vergnügen.

Wo die beiden Corsi zusammentreffen, sorgt eine Eisenbahnlinie für zusätzliches Verkehrsaufkommen und manchen Stau. Nordwestlich der Schienen befindet sich ein ruhiges Wohnviertel, in dem man normalerweise leicht einen Parkplatz bekommt. Hier steht an einem freien Platz inmitten der engen Gassen die einzige historische Sehenswürdigkeit Olbias, die romanische Pfarrkirche **San Simplicio** (tgl. 6–13 und 16–19 Uhr) aus dem 11./12. Jh. Eine Orientierungshilfe bietet der Kirchturm mit offenem Glockenstuhl, zu dem die Südwestecke des Gotteshauses ausgebaut wurde. Die dreischiffige Basilika besteht aus grauem Granit, ihre klar gegliederte Fassade zeigt nur wenige, dafür umso auffälligere Schmuckelemente. Das schmale, schlichte Hauptportal schließt mit einer Lünette ab. Links davon ist eine kleine Reliefplatte mit Mensch- und Tierdarstellungen angebracht, die vermutlich byzantinischen Ursprungs (6.– 8. Jh.) ist. Innen wirkt der dreischiffige Raum mit seinen rohen Steinwänden endlos lang, was am Anbau zweier Joche im 12. Jh. liegt. Die heutigen sieben Joche ruhen abwechselnd auf Pfeilern und Säulen, deren Kapitelle unterschiedliche Reliefs aufweisen.

i Praktische Hinweise

Information

AAST, Via Catello Piro 1, Olbia, Tel. 0 78 92 14 53, Fax 0 78 92 22 21

Flughafen

Aeroporto Internazionale Olbia-Costa Smeralda, Tel. 07 89 56 34 80, www.geasar.com, 4 km östlich von Olbia. Das ganze Jahr über mehrmals wöchentlich Flüge zum europäischen Festland, z. B. nach München, Frankfurt, Zürich, Wien, im Winter nur über Rom oder Mailand, sowie nach Cagliari. Vor dem internationalen Terminal fahren Linienbusse Richtung Innenstadt ab. Deplanu, Tel. 07 84 29 50 30, bietet Busverbindungen zu den meisten Orten der Insel.

Schiff

Moby Lines, Stazione Marittima, Olbia, Tel. 0 78 92 79 27, www.mobylines.it. April–Okt. tgl. Fähren nach Livorno.

Tirrenia Navigazione, Stazione Marittima, Olbia, Tel. 07 89 20 71 00, www.tirrenia.com. – **Sardinia Ferries**, Corso Umberto 4, Olbia, Tel. 0 78 92 52 00, www.sardiniaferries.com. Tgl. Autofähren nach Civitavecchia, während der Saison auch nach Genua, La Spezia, Arbatax und Cagliari.

Hotels

******Martini**, Via D'Annunzio 21/ Centro Comerciale Martini, Olbia, Tel. 0 78 92 60 66, Fax 0 78 92 64 18, www.hotelmartiniolbia.com. Das erste Haus am Platz liegt unmittelbar nördlich des Altstadtzentrums. Von der Dachterrasse schöner Blick auf Stadt und Hafen.

*****Centrale**, Corso Umberto I 85, Olbia,Tel. 0 78 92 30 17, Fax 0 78 92 64 64, www.hotelcentraleolbia.it. Kleineres Stadthotel inmitten des Zentrums.

Restaurants

Gallura, Corso Umberto I 145, Olbia, Tel. 078 92 46 48. Hervorragendes, höherpreisiges Restaurant mit Michelin-Stern im familiären Hotel in der Fußgängerzone. Die polyglotte Köchin und Besitzerin Rita bereitet Fisch und Meeresgetier vorzüglich zu.

Vignola, Via Vignola 81, Olbia, Tel. 07 89 75 42 19. Lokal am nördlichen Stadtrand mit sardischen Spezialitäten.

33 Posada

Dorf mit Kastell in einer zauberhaften, fruchtbaren Flusslandschaft.

Aus der Mündungsebene des Riu Posada erhebt sich in Küstennähe unvermittelt ein Kalkhügel, an dessen macchiagrünen Flanken verschachtelt die weißen und pastellfarbenen Häuser des malerischen Posada (2500 Einw.) liegen. Ein **Bummel** durch die engen Gassen von Posada ist

Anregend und interessant ist ein Spaziergang durch das einladende Dorf Posada zur Burgruine des einst stolzen Castello della Fava

unbedingt zu empfehlen, jedoch sollte man den Wagen am Fuß des Berges stehen lassen. Dann kann man die Atmosphäre in dem mittelalterlichen Häusergewirr genießen, kann Treppenwinkel oder Innenhöfe erkunden und sich an der kleinen *Piazza Eleonora d'Arborea* mit einem Kaffee oder einer Pasta für den Aufstieg zum bekrönenden Kastell stärken. Denn das auf römischen Fundamenten im 12. Jh. entstandene Dorf wird von einem majestätischen Viereckturm überragt, Rest des **Castello della Fava** (Tel. 0 74 80 14 21, Mai–Sept. tgl. 10–21 Uhr, sonst tgl. 8–13 und 15–19 Uhr). Das Judikat Gallura hatte die gewaltige Wehranlage im 12. Jh. als Trutzburg gegen Aragón errichten lassen. Die Festungsruine ist gesichert, kann also gefahrlos betreten werden. Der **Ausblick** von der *Rocca* ist einfach hinreißend! Man überschaut die großen Schleifen des mäandernden Riu Posada, 12 km im Westen zum *Lago di Posada* aufgestaut. Der scheinbar träge fließende Fluss prägte die fruchtbare umliegende Ebene, in der Schafweiden und Äcker, Orangengärten und Zypressenreihen die Landschaft auflockern. Im Südwesten reicht der Blick bis zum 1127 m hohen, stark gezackten **Monte Albo**. Der Höhenzug ist selbst ein lohnendes Ausflugsziel, bieten sich von seinen kalkweißen Gipfeln doch ebenfalls herrliche Ausblicke auf die Küste.

Top Tipp

Ausflüge

Die piniengesäumten Hausstrände Posadas erstrecken sich imSüden. Die Ferienregion ist auf mehr als 5 km Länge inzwischen zum **Porto La Caletta San Giovanni** zusammengewachsen. Sie beginnt mit dem beliebten, fast weißen Sandstrand der *Spaggia di San Giovanni* am Ort San Giovanni mit der gleichnamigen kleinen Kapelle und einem runden Sarazenenturm. Das stark touristisch geprägte La Caletta besitzt einen eher gesichtslosen neuen Hafen, in dem aber noch einige Fischerboote schaukeln. Bis zu den Ferienhäusern von Santa Lucia im Süden wechseln sich niedrige Sanddünen, vereinzelte Pinienwäldchen und ausgedehnte, von Schatten spendenden Bäumen bestandene Sandstrände ab.

i Praktische Hinweise

Hotel

*****Sa Rocca**, Via Eleonora d'Arborea, Posada, Tel. 07 84 85 41 39, Fax 07 84 85 41 66. Kleines freundliches Hotel im historischen Zentrum mit Meerblick.
Im Wintergarten ist ein preiswertes Restaurant eingerichtet.

Barbágia und Supramonte – wildromantisches Bergland

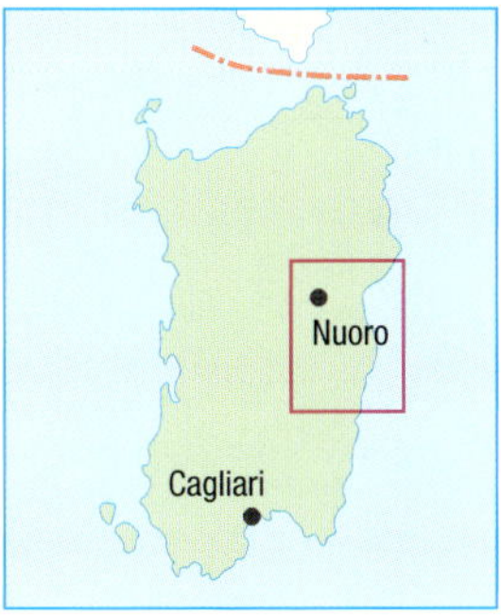

Die *Punta La Marmora* ist mit 1831 m der höchste Berg des **Gennargentu**, in dem man wandern und im Winter Ski fahren kann. Dieses zentrale Gebirge wird im Osten vom schroffen Kalksteingebirge des **Supramonte** flankiert. Städtischer Mittelpunkt ist die Provinzhauptstadt **Nuoro**, von deren Aussichtsberg *Ortobene* man einen weiten Blick über Insel und Meer genießt.

Südwestlich schließt sich die ebenfalls bergige, unzugängliche **Barbágia** an, das ›Land der Barbaren‹, wie es die Römer nannten. Die dortigen Bergdörfer, wie z. B. **Orsogolo**, sind für ihre plakativen Wandbilder berühmt, die **Murales**. Als Protest-Grafitti klagen sie oft politische und soziale Missstände an. Naturfreunden bieten die Berge um **Nuoro** dichte Laubwälder, in denen etwa das Brunnenheiligtum **Su Tempiesu** bei **Orune** von früher Besiedelung zeugt.

An der abwechslungsreichen Küste südlich von **Tórtoli** verdienen die **roten Klippen** von Arbatax Bewunderung. Von Bäumen beschattet und einladend sauber ist der Strand bei **Torre di Bari**, im nahen Hinterland lockt die Tropfsteinhöhle **Grotta su Marmuri** bei Ulassai.

34 Nuoro

Plan Seite 108

›Hauptstadt der Hirten‹ und Pforte zum gebirgigen Inselinneren.

Nuoro (36 000 Einw.) schmiegt sich in einen weiten, 553 m hohen Gebirgssattel, der im Nordwesten von der *Punta 'e Mazonzo* (776 m), im Osten vom Hausberg, dem 955 m hohen **Monte Ortobene**, begrenzt wird. An den Hängen ringsum breiten sich heute unansehnliche Betonburgen aus, doch die dicht gedrängte Altstadt in ihrer Mitte bewahrte ihren herben sardischen Charme. An dieser gleichzeitig geschützten und exponierten Stelle am nordwestlichen Rand des *Supramonte* ist seit dem 12. Jh. ein in der Region rasch an Bedeutung gewinnender Handelsposten belegt. 1779 stieg Nuoro zum Bischofssitz auf, 1836 erhielt es Stadtrechte. 1926 folgte die Ernennung zur Hauptstadt der gleichnamigen Provinz. Doch diesen Fortschritten zum Trotz blieb das Umland, die *Barbágia*, rau und unzugänglich – und so gaben sich auch seine Bewohner oft Fremden gegenüber. Lange haftete den Bergbewohnern der Ruf an, es mit dem Gesetz nicht allzu genau zu nehmen. In den 60er- und 70er-Jahren des 20. Jh. sorgten Entführungen mit Lösegeldforderungen für negative

◁ *Gipfelwärts streben diese Wanderer im Supramonte bei Oliena, geführt von Mitgliedern der Cooperativa Monte Mascione*

Herrschaftlich wirken die im 18. und 19. Jh. entstandenen Bürgerhäuser von Nuoro

Schaffell tragende Merdules sieht man im Karneval – oder im Museo delle Costumi

Schlagzeilen, doch die Zeiten haben sich glücklicherweise geändert.

Weltruhm erlangte Nuoro durch die 1871 hier geborene **Grazia Deledda** († 1936), die zur Literaturnobelpreisträgerin und größten sardischen Dichterin werden sollte. Nuoro widmete seiner Tochter die *Chiesa della Solitudine*, eine Kapelle auf dem Weg zum Monte Ortobene. Sonst findet man nur wenige Spuren der Dichterin in ihrer Stadt. In ihrem Elternhaus am östlichen Innenstadtrand hält heute das **Museo Deleddiano** 1 (Via Grazia Deledda 42, Tel. 0 78 42 29 00, Sommer tgl. 9–20, sonst tgl. 9–13 und 15–19 Uhr) die Erinnerung an die Literatin lebendig. In seiner Nähe bezog das **Museo Archeologico** 2 (Tel. 0 78 43 80 53, Di–Sa 9–13.30 Uhr, Di/Do auch 15–17.30 Uhr) ein Gebäude an der Piazza Asproni. Es beherbergt bedeutende archäologische Funde der Provinz Nuoro von nuraghischen Skeletten bis zu *Bronzetti*.

Westlich der Piazza Asproni beginnt die lange Einkaufsmeile Nuoros, bestehend aus **Corso Garibaldi** 3 und **Via La Marmora** 4. Die beiden Boulevards sind gesäumt von zahlreichen Bars, Cafés und Lebensmittelgeschäften, in denen landwirtschaftliche Produkte aus der Umgebung angeboten werden. Südlich der Piazza Asproni erhebt sich die **Cattedrale Santa Maria della Neve** 5. Sie entstand Anfang des 19. Jh. in klassizistischem Stil mit säulengeschmückter Fassade und den beiden flankierenden Türmen. Ihre Terrasse im Nordosten bietet einen herrlichen Blick auf den Monte Ortobene mit seinem dichten Wald.

Die wichtigste Sehenswürdigkeit Nuoros bleibt freilich im südöstlichen Wohnviertel auf dem kleinen Hügel Sant'Onofrio die volkskundliche Sammlung des *Museo della Vita e delle Tradizioni Popolari Sarde*, kurz auch **Museo delle Costumi** 6 (Via Mereu 56, Tel. 0 78 24 29 00, tgl. 9–13 und 15–19 Uhr) genannt. Um zwei Innenhöfe gruppieren sich 18 Ausstellungsräume in rekonstruierten Häusern aus verschiedenen Teilen der Insel. In hohen Glasvitrinen sind kostbare sardische Trachten mit reicher Stickerei ausgestellt. Daneben kann man traditionelle Karnevalskostü-

TOP TIPP

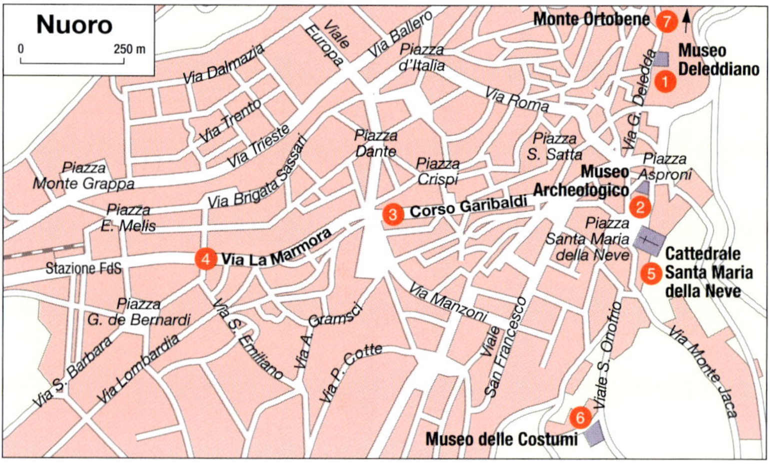

me sehen, wie etwa die *Merdules* in Schafsfell oder die Angst erregenden *Mamuthones* mit großen Glocken auf dem Rücken. Die umfangreich bestückte Handwerksabteilung zeigt u. a. einen Webstuhl, traditionelle Musikinstrumente, reich geschnitzte Holztruhen und sardische Festtagsbrote. Waffen, Schmuck, Amulette sowie Messing- und Silberknöpfe runden die Sammlung ab.

Vom Volkskundemuseum weisen Schilder den Weg nach Osten zum **Monte Ortobene** 7. Allein die Fahrt lohnt einen Ausflug auf den Granitberg. 7 km sind es bis zum Gipfel, weitere 9 km schlängelt sich die Straße als Rundweg zwischen hoher Macchia mit Steineichen, geduckten Zypressen und Pinien um den Berg. Am Wochenende packen die Bewohner der Provinzhauptstadt an der schönen Strecke gern ihre Picknickkörbe aus, möglichst in der Nähe einer der beiden Quellen. Immer wieder kreuzt der markierte **Wanderweg No. 8** die Straße – wer gut zu Fuß ist, sollte sich das Vergnügen gönnen und *per pedes* aufsteigen.

Vom **Cuccuru Nieddu**, der mit 995 m höchsten Stelle des Ortobene, bietet sich das denkbar schönste Panorama über Nuoro und Umgebung. Die Aussichtsplattform wird seit 1901 von der 7 m hohen Bronzestatue des *Redentore* beherrscht, des Erlösers. Sie weist mit ihrer Linken in den Himmel, mit der Rechten auf das rund 400 m unterhalb liegende Nuoro. Dessen Bewohner erweisen Christus Ende August während der TOP TIPP **Sagra del Redentore**, dem Erlöserfest, die Ehre. Die Prozession von der Stadt auf den Berg zählt zu den farbenprächtigsten der Insel, die daran wahrlich nicht arm ist.

i Praktische Hinweise

Information

Ufficio Informazioni Enturismo Nuoro und EPT (für die Provinz Nuoro), Piazza Italia 19, Nuoro, Tel. 0 78 43 00 83, Fax 0 78 43 34 32, www.enteturismo.nuoro.it

Bus

ARST, Viale Sardegna 16, Nuoro, Tel. 07 84 29 41 73

ATP, Via Biscollai 3, Nuoro, Tel. 0 78 43 51 95

Bahn

Ferrovie della Sardegna, Via Lamarmora 10, Nuoro, Tel. 0 78 43 01 15

Dynamische Kraft strahlt die Bronzefigur des Erlösers auf dem Monte Ortobene aus

Hotels

*****Euro Hotel**, Via Trieste 44, Nuoro, Tel. 0 78 43 40 71, Fax 0 78 43 36 43. Hotel, dessen Restaurant gerne von Angestellten der umliegenden Büros aufgesucht wird.

*****Il Grillo**, Via Monsignor Melas 14, Nuoro, Tel. 0 78 43 86 68, Fax 0 78 43 20 05, www.grillohotel.it. Nettes Hotel mit Restaurant, das auch bei den Leuten aus der Umgebung beliebt ist.

*****Sandalia**, Via Einaudi 14, Nuoro, Tel./Fax 0 78 43 83 53. Verkehrsgünstig gelegenes Hotel mit 49 Zimmern und gutem Restaurant.

35 Orune und Su Tempiesu

Großes Hirtendorf in traumhafter Lage mit einem der schönsten Brunnenheiligtümer.

Am Ende einer wunderschönen Serpentinenstraße liegt zwischen Nuraghenresten, Pinien, Kork- und Steineichen sowie dichter Macchia auf einem langen Bergrücken in 745 m Höhe das große **Hirtendorf** Orune (4000 Einw.). Ringsum breiten sich Weiden aus, nicht selten sind die Straßen durch Schafherden blockiert. Die hohen, dreistöckigen Häuser wirken mit ihren pastellfarbenen Fassaden und

In seiner Anlage und Konstruktion ist das Brunnenheiligtum Su Tempiesu einzigartig

den zierlichen schmiedeeisernen Balkonen einladend. Leider bröckelt mitunter der Putz und viele der alten, z. T. aus der Blütezeit im 18./19. Jh. stammenden Bauten verfallen zusehends.

Orune vermittelt dennoch ein lebhaftes Dorfbild mit vielen terrassierten Plätzen und kleinen, zwischen den Häusern versteckten Kirchen. Nur die barocke einschiffige Pfarrkirche **Santa Maria Maggiore** mit ihren tiefen Seitenkapellen hat ringsum etwas mehr Raum. Überall sieht man Frauen vor der Haustür sitzen, eine Stickerei in der Hand, und auf der Straße halten alte Männer mit schwarzen Schirmmützen ein Schwätzchen.

Su Tempiesu

Die meisten Besucher erhaschen nur *en passant* einen Blick auf die dörfliche Idylle. Sie folgen meist am Ortseingang bei der Polizeistation der schmalen Straße steil abwärts, am Friedhof vorbei und jenseits eines schmalen Baches wieder bergauf. Nach etwa 6 km weisen am Wegrand (Parken möglich) Schilder den Weg zum **Brunnenheiligtum** Su Tempiesu (11.–9. Jh. v. Chr.). Bis zum Kassenhäuschen geht man knapp 1 km durch einen liebevoll beschrifteten, kleinen botanischen Garten aus einheimischen Blumen, Büschen und Bäumen. Zwar ist das nuraghische Heiligtum frei zugänglich, doch die engagierten Kooperativenmit-

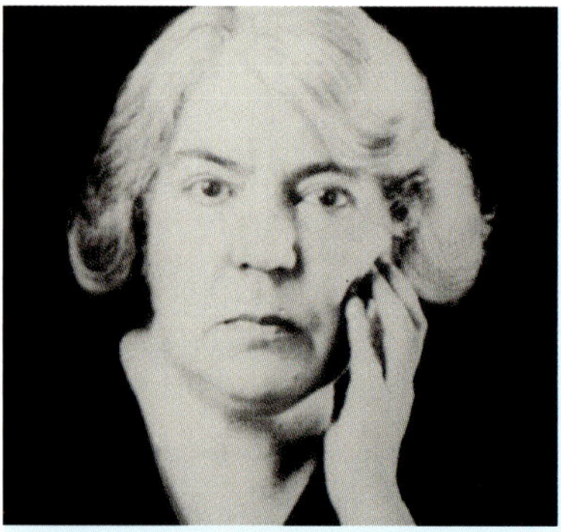

Grazia Deledda erhielt 1926, im Alter von 55 Jahren, den Literaturnobelpreis

Von Landleben und Literatur

Der Lyriker Sebastiano Satta (1867–1914), der Bildhauer Francesco Ciusa (1883–1949), der Autor Salvatore Satta (1902–1975), sie alle wurden in Nuoro am nördlichen Rand der Barbágia geboren. An erster Stelle muss jedoch die Schriftstellerin **Grazia Deledda** genannt werden. Sie kam am 27. Dezember 1871 als Tochter einer wohlhabenden Familie zur Welt. Nachdem sie 1900 den Militärattaché Palmiro Madesani geheiratet hatte, siedelte sie mit ihrem Mann nach Rom über, wo sie bis zu ihrem Tod am 15. August 1936 lebte. In Rom konnte Grazia Deledda, anders als in ihrer Heimatstadt, unangefeindet schreiben und veröffentlichen. Sie verfasste 38 Romane und unzählige Novellen, die sich durchweg mit sardischen Themen beschäftigen.

Im Jahr 1894 kam ihr erstes Buch heraus, ›Sardische Erzählungen‹ (›Storie della Sardegna‹). Darin spielten frühere Nachbarn und andere Bewohner Nuoros die nicht immer schmeichelhafte Hauptrolle. Die so Verewigten waren von dieser Publikation ganz und gar nicht begeistert. Noch lange danach haftete Grazia der Ruch einer Verräterin an. Die Meinung ihrer Landsleute änderte sich jedoch schlagartig, als sie 1926 den **Nobelpreis für Literatur** erhielt. Ihr erfolgreichster Roman war der 1913 erschienene ›Canne al vento‹, ›Schilf im Wind‹. Weitere ausdrucksstarke, dichte Erzählungen sind beispielsweise ›Elias Portolù‹ (1903), ›Marianna Sirca‹ (1915) sowie ›Cosima‹ (1937 posthum erschienen), Deleddas autobiografisches Alterswerk, in dem sie noch einmal detailliert ihre Heimatstadt beschreibt.

glieder des Heimatvereins freuen sich über Spenden zur Erhaltung der Anlage und des Tempels. Hirten entdeckten 1953 unter einem Bergrutsch akkurat behauene Trachytblöcke, aus denen glänzende Bronzeschwerter herausschauten. Der sardische Archäologe Osvaldo Lilliu übernahm die sachgerechte Freilegung und fand dabei 20 Votivschwerter, die quer im oberen Teil eines oben spitz zulaufenden Gebäudes steckten. Der zeltartige Bau ist etwa 5 m lang und 3 m hoch, ein Gang führt der Länge nach hindurch. Dahinter entspringt eine Quelle, die noch heute zwei übereinander liegende Becken speist. Wohl nur Priester hatten Zugang zu dem inneren, engen Brunnen. Ein kleines Auffangbecken liegt tiefer, aber noch innerhalb der halbkreisförmigen Umfassung. Nur diese Mauer ist aus lokalem Glimmer erbaut. Weder Trachyt noch Basalt, der ebenfalls für die Brunnenanlage benutzt wurde, gibt es vor Ort. Man muss die Steine aus 30 km Entfernung hierher gebracht haben.

Die Weinberge von Oliena enden am schroff ansteigenden Supramonte di Oliena

36 Oliena

Cannonau-Weinbau im wilden, weißen Kalkgebirge des Supramonte.

12 km südöstlich von Nuoro und von diesem durch das tiefe Tal des Riu di Oliena getrennt, breitet sich auf einem 379 m hohen Hügel das in den letzten Jahren stark gewachsene Bergdorf **Oliena** (7600 Einw.) aus. Nicht weniger als elf wenngleich unspektakuläre Kirchen und Kapellen gehören zum Ort, dessen graue Neubauten weit verstreut am Hang liegen. Dazwischen erstrecken sich wohltuend grüne **Weingärten** und **Schafweiden**. Auf den kalkhaltigen Böden gedeiht die Cannonau-Traube prächtig, aus der der schwere gleichnamige Rotwein und – seltener – ein würziger Weißwein gekeltert wird. Unmittelbar südlich ragt der Gebirgsstock des *Supramonte di Oliena* auf. Er ist an seinem Fuß von Eichenwäldern bestanden, die etwa auf halber Höhe deutlich lichter werden und schließlich gänzlich den markanten vegetationslosen Kalkzacken des Gipfels weichen.

Ein schmales Asphaltband führt von Oliena parallel zum Flusstal 8 km nach Osten. Dort liegt inmitten zauberhafter Natur **Su Gologone**, die Quelle des Riu Oliena. Vor ihr breitet sich ein großer gepflasterter Platz aus, oberhalb steht eine kleine Kapelle im Schatten hoher Eukalyptusbäume und Manna-Eschen. Das Wasser der Quelle ergießt sich in einem hohen Wasserfall in ein großes Becken, das in den Fluss übergeht. Es ist umstanden von Feigenbäumen, Weiden und Pappeln, Lilien setzen mit violetten oder gelben Blüten Farbakzente. Im Wald ringsum findet man auf hölzernen Hinweisschildern zumindest grobe Richtungsangaben für Wander- und Radausflüge von 3 bis 6 1/2 Std. Dauer, etwa in die wunderschöne **Valle di Lanaitto**, ein nach Süden führendes Hochtal.

i Praktische Hinweise

Hotels

TOP TIPP ****Su Gologone**, Località Su Gologone, 6 km östlich von Oliena, Tel. 07 84 28 75 12, Fax 07 84 28 76 68, www.sugologone.it. Eines der zauberhaftesten Landhotels der Insel in bestechender Höhenlage. Mit hervorragendem Restaurant für lokale Spezialitäten.

*****Cikappa**, Corso Martin Luther King 4, Oliena, Tel./Fax 07 84 28 87 33, www.cikappa.com. Im alten Dorfkern gelegenes, familiäres Hotel, das einzige vor Ort. Mit empfehlenswertem Restaurant.

Cooperativa Enis, Località Monte Maccione, 4 km östlich von Oliena, Tel. 07 84 28 83 63, Fax 07 84 28 84 73, www.coopenis.it. Eine Kooperative aus Oliena führt die vor allem bei Rucksacktouristen sehr beliebte Herberge in schöner Panoramalage auf halber Höhe des Monte Corrasi (1463 m). Es werden Wanderungen und Reitausflüge angeboten. Preiswertes Restaurant.

37 Dorgali

Lebhaftes Landwirtschaftszentrum, umgeben von nuraghischen Attraktionen.

7 km vom Meer entfernt liegt etwa auf halber Höhe am Westhang des *Monte Bardia* (882 m) das geschäftige Städtchen Dorgali (8200 Einw.). Seit sich hier im Mittelalter Fischer und Bauern in sicherer Entfernung zur Küste und damit zu den Piraten ansiedelten, wird Handweberei, Korbflechten und Töpferei gepflegt. Im Ortszentrum bieten mehrere Läden z. B. Teppiche, Häkelarbeiten und Keramik aus heimischer Produktion an.

Dorgalis Häuser sind größtenteils aus **dunklem Basalt** errichtet, was erst einmal einen düsteren Eindruck macht. Tatsächlich erweist sich Dorgali als einfacher, aber liebenswerter Ort: Straßen und Plätze werden von alten Laubbäumen, meist Manna-Eschen, beschattet, Straßennamen und Hausnummern sind als kunstvoll gestaltete Keramiktafeln gearbeitet. Bei einem Gläschen des hervorragenden lokalen Rotwein *Cannonau di Dorgali* kann man den zurückhaltenden Charme des ursprünglichen Städtchens auf sich wirken lassen. Mitten im Ort befindet sich in einem schlichten Wohnhaus in der Via Lamarmora das **Museo Archeologico** (Tel. 07 84 92 72 00, Sommer tgl. 9.30–13 und 15.30–19.30, sonst tgl. 9–13 und 15–18 Uhr). Es zeigt in drei Räumen Fundstücke aus der Siedlungsgeschichte des Umlandes: vom Neolithikum (3500 v. Chr.) über die nuraghische Zeit zur römischen Epoche bis ins Mittelalter. Besonders sehenswert sind die Stempel aus Keramik und die Gewichte für Webstühle aus dem gleichen Material. Alle Vitrinen sind mehrsprachig beschriftet, auch in Deutsch.

Seit etwa 4000 Jahren ragt die Hauptstele des Gigantengrabes Sa Ena é Thomes auf

Serra Orrios

Greifbar wird Dorgalis nuraghische Vergangenheit rund 10 km nordwestlich der Stadt. Dort liegen die Grundmauern von Serra Orrios, einem der größten **Nuraghendörfer** Sardiniens. Man darf die im 15.–7. Jh. v. Chr. entstandene Anlage nur unter sachkundiger Führung (tgl. 9–12 und 15–18, Winter bis 16 Uhr, alle 60 Min.) betreten.

Es bereitet besonderes Vergnügen, durch das in weiten Teilen naturbelassene, fast ebene Areal zu schlendern: Zwischen alten Olivenbäumen schießt hoher Affodill auf, den man überall wuchern ließ, wo keine archäologischen Grabungen gestört werden. Hier fand man auf über 6 ha Land die Überreste von mehr als 100 Steinhütten sowie von zwei Megaron-Tempeln, rechteckige Hallen mit vorspringenden Mauerzungen. Am Eingang des Nuraghendorfes steht eine noch zur Hälfte erhaltene runde Schutzmauer. Gleich rechts sieht man ein *Tempio a Megaron*, einen Tempel mit halbrundem Vorbau und langem Allerheiligsten. Anschließend breitet sich ein größeres, fast kreisförmiges Wohnzentrum aus, ineinander verschachtelte Rundhütten, die im Sockelbereich akkurat aufgemauert sind und in dieser Dichte sehr urtümlich wirken. Weiter hinten befindet sich unter einem mit Steinen gepflasterten länglichen Platz eine Zisterne, in der Regenwasser gesammelt wurde.

Die archäologischen Funde von Serra Orrios beweisen, dass dessen Bewohner einst Viehzucht und Ackerbau trieben, Ton, Leder, Wolle, Leinen verarbeiteten und Bronzewaffen gossen. Es wurde auch Schmuck gefertigt, z. B. kupferne Armreifen, und Keramik war reich verziert.

Sa Ena é Thomes

Von Serra Orrios geht es nach Norden Richtung Bitti. Man kreuzt die SS 129 und erreicht nach etwa 3 km rechts eine kleine Parkbucht, von der aus man auf eine sanft gewellte Landschaft blickt. Hier lässt man den Wagen stehen und tritt durch ein praktisch immer geöffnetes Gatter auf eine nur spärlich bewachsene Weidefläche, von der aus man bereits nach wenigen Schritten Sa Ena é Thomes erblickt. Es handelt sich um ein sehr gut erhaltenes **Gigantengrab** mitsamt einer 10 m durchmessenden Exedra. Die 3,65 m hohe und 2,10 m breite Eingangsstele aus Granit ist durch markante Vertiefungen horizontal zweigeteilt. Dahinter öffnet sich das niedrige, 11 m lange Gemeinschaftsgrab, das noch immer mit großen Steinplatten bedeckt ist. Archäologen fanden hier zahlreiche Grabbeigaben aus der vornuraghischen, nuraghischen und punisch-romanischen Epoche, aber auch Gegenstände, die aus dem Hochmittelalter des 6.–9. Jh. datieren. Das zeigt, wie unkompliziert man hier die Bestattungstradition fortsetzte.

i Praktische Hinweise

Information

Pro Loco, Via Lamarmora 108, Dorgali, Tel. 0 78 49 62 43, www.dorgali.it

Hotel

TOP TIPP ***__Monteviore__**, 9 km südlich von Dorgali (bei km 196 der SS 125 Abzweigung in die Valle di Flumineddu), Tel./Fax 0 78 49 62 93, www.hotelmonteviore.it. Das auf Wanderer spezialisierte Berghotel bietet u. a. Familienzimmer mit Stockbetten. Mit angegliedertem Panoramarestaurant.

38 Cala Gonone

Außerordentlich beliebter Ferienort an der grottenreichen Kalksteinküste.

Das kleine Fischerdorf nahe Dorgali wuchs seit den 70er-Jahren des 20. Jh. zu

Nur per Boot oder zu Fuß erreicht man das herrliche Fleckchen Erde namens Cala Luna

einem viel besuchten, relativ preiswerten Urlaubsziel heran. Daran lassen die zahlreichen Hotels und Fischrestaurants sowie der neue Jachthafen keinen Zweifel. Die nahen Grotten und weiten Badebuchten sind aber auch wirklich zu verlockend! Angesichts dieser prächtigen Alternativen begibt sich kaum ein Tourist an den schmalen, leicht kiesigen Hausstrand von Cala Gonone, auch wenn er hübsch mit Pinien und Blumenbeeten bepflanzt ist.

TOP TIPP Am Hafen starten Boote zur 4 km entfernten **Cala Luna**. Der dortige 800 m lange und fast weiße Sandstrand ist von leicht überhängenden Klippen eingerahmt, auf deren Höhen Wa-cholderbüsche und Oleanderbäume Halt finden. Auch zur näher liegenden **Grotta del Bue Marino** werden Ausflüge angeboten. Allein die Bootsfahrt entlang der Küste mit ihren steilen Felsvorsprüngen und den hellsandigen Buchten ist ein Genuss. Erst recht der Besuch der großartigen Tropfsteinhöhle, die aus einem verzweigten Gangsystem besteht. Der Zugang ist nur von der Meerseite aus per Boot möglich, der Eingang liegt unter einem 30 m hohen Felsüberhang. Rechts der Anlegestelle breitet sich der kleine smaragdgrüne *Laghetto Smeraldo* aus, links beginnt hinter der Stelle mit den verblassten prähistorischen Felszeichnungen der Hauptzweig der 5 km langen Höhle. Von den Wänden tropft kalkhaltiges Süßwasser, Voraussetzung für die abwechslungsreiche Grottenlandschaft. Bei einem etwa halbstündigen Spaziergang kommt man an einem rund 1 km langen unterirdischen Salzsee vorbei. In einer kleinen Kaskade vermischt sich sein Wasser mit dem eines Süßwassersees. Hier sollen noch bis 1980 Meerrobben ihre Jungen zur Welt gebracht haben, von deren italienischem Namen *Foca Monaca* – im Dialekt *Bue Marino* – die Grotte ihren Namen hat.

i Praktische Hinweise

Schiff

Nuovo Consorzio Trasporti Marittimi, Via Millelire, Cala Gonone, Tel. 0 78 49 33 05. In der Saison meistens tgl. 11 und 15 Uhr Ausflugsfahrten zur Cala Luna und weiter zur Grotta Bue Marino.

Hotels

*****La Conchiglia**, Via Palmasera/Lungomare, Cala Gonone, Tel./Fax 0 78 49 34 48, www.hotellaconchiglia.it. Familiäres modernes Hotel mit gutem Restaurant an der verkehrsberuhigten Küstenstraße.

****Cala Luna**, Via Palmasera/Lungomare, Cala Gonone, Tel. 0 78 49 31 33, Fax 0 78 49 31 62, www.hotelcalalua.com. Freundliche Zimmer, besonders schön mit Blick aufs Meer. Empfehlenswertes Restaurant.

39 Grotta di Ispinigoli

TOP TIPP *Riesenstalagmit in eindrucksvoller Tropfsteinhöhle.*

Nur wenig abseits der wunderschönen Panoramastraße SS 125 von Dorgali nach Orosei liegt die **Grotta di Ispinigoli** (Führungen Sommer tgl. 9, 10, 11 und 12 Uhr, Juli/Aug. auch 14, 15, 16 und 17 Uhr). Wie ein aufgerissener Schlund gähnt der Eingang zur Höhle in einem karstigen Bergmassiv. Gleich nach dem Eintreten erblickt man die gewaltigste Tropfsteinsäule Europas, 2 m im Durchmesser und unglaubliche 38 m hoch. *Spina in Gola*, ›Dorn im Rachen‹, heißt das einzigartige Naturwunder treffend.

Die inzwischen völlig trockene Höhle wurde 1960 bei einem Waldbrand entdeckt. Seit 1974 ist ihr vorderer Teil der Öffentlichkeit zugänglich. Bei Grabungen fanden Archäologen nuraghische Tongefäße, Schmuck und menschliche Knochen, woraus sie auf eine frühe kultische Nutzung der Höhle schlossen.

i Praktische Hinweise

Hotel

*****Ispinigoli**, Località Ispinigoli, Tel./Fax 0 78 49 52 68, www.hotelispingoli.com. Hotel in herrlicher Panoramalage gegenüber dem Eingang zur gleichnamigen Grotte. Dazu gehört ein beliebtes Ausflugsrestaurant, das für sardische Spezialitäten (Spanferkel!) bekannt ist.

40 Orosei

Reich durch Marmor, mit spanischer Architektur und kilometerlangem Strand.

Seit den Römern begehrten alle Eroberer der Insel den fruchtbaren Landstrich zwischen Siniscóla und Dorgali. Ab dem 14. Jh. wird er jahrhundertelang von spanischen Baronen beherrscht, nach denen diese Kornkammer Sardiniens **Baronia** genannt wird. Zu einem ihrer Zentren stieg im Mittelalter Orosei auf, das 2 km landeinwärts von der **Costa degli Oleandri**, der Oleanderküste, südlich des Fiume Cedrino liegt. Ihren Wohlstand verdanken die knapp 6000 Einwohner des heiter wirkenden Städtchens den nahen **Steinbrüchen**, in denen begehrter Marmor und Granit gebrochen werden. Einige Werkstätten verarbeiten den Stein vor Ort, der Großteil wird auf das Festland verschifft. Neben kunsthandwerklicher Produktion und Landwirtschaft im Cedrino-Tal ist der aufstrebende Fremdenverkehr ein weiteres wirtschaftliches Standbein des Städtchens.

Obwohl Orosei im Westen vom 806 m hohen Monte Tuttavista überragt wird, ist das Stadtgebiet selbst, 25 m über Normalnull, relativ flach. In der Altstadt ist ein historischer Spazierweg (*Itinerario storico*) ausgeschildert. Der Bummel lohnt sich, ließen doch alle spanischen Feudalherren während ihrer Herrschaft (14.–19. Jh.) hier Paläste und Kirchen bauen. Von der mit Palmen bestandenen dreieckigen **Piazza del Popolo** führt eine breite

Treppe hinauf zur barocken Pfarrkirche **San Giacomo Apostolo** (18. Jh.) mit roten Ziegelkuppeln und hohem Glockenturm. Die dreigeteilte Hauptfassade schaut nach Süden zur Stadt. Innen wirkt die dreischiffige Basilika äußerst gepflegt, in Wandnischen stehen zahlreiche Prozessionsfiguren.

Auf der gegenüberliegenden Seite der Piazza del Popolo führen kieselgepflasterte Gassen und überbaute Hohlwege in das malerische Gewirr vielfach ineinander verschachtelter Häuser. Die kleine **Piazza Sas Animas** ist das Zentrum eines noch aus dem 14. Jh. stammenden Viertels. Damals entstanden auch die beiden Kirchen an dem schattigen Plätzchen, das *Oratorio del Rosario* mit seitlichem Anbau und das recht große *Oratorio delle Anime* mit hoher, durch Pilaster gegliederte Fassade.

Am südwestlichen Ortsrand von Orosei liegt das mauerumgebene mittelalterliche Hospital und Kloster **Sant'Antonio del Fuoco** (tgl. 8–20 Uhr), auch *Sant' Antonio Abate* genannt. Eine schlichte, später durch einen Arkadengang für Pilger ergänzte Backsteinkirche aus dem 15. Jh. bildet die Nordseite eines großen Hofes. Gegenüber schließen sich über Eck niedrige ehem. Wirtschaftsgebäude und

Ein wahrer Exportschlager ist der edle Marmor aus den Steinbrüchen um Orosei

Zahlreiche Kirchen prägen, vor allem in der Altstadt, das Ortsbild von Orosei. Sie sind eine Hinterlassenschaft der spanischen Barone, die bis ins 19. Jh. hier herrschten

Klosterzellen an, die heute als Alters- und Obdachlosenheim dienen. Im Süden des Gevierts erhebt sich stolz ein restaurierter Sarazenenturm (16. Jh.).

Der Cedrino verzweigt sich bei seiner Mündung in ein großes **Delta**, das durch einen parallel zum Meer verlaufenden Kanal entwässert wird. Zwei klapprige Holzbrücken führen darüber – ideale Plätze für Angler, die sich hier bereits früh morgens einfinden. Zwischen Kanal und Meer entstand auf etwa 3 km Länge eine niedrige Sanddüne, die heute mit Pinien bestanden ist. Diese grobsandige **Marina di Orosei** nutzen die Bewohner Oroseis als Hausstrand, an dem sie selten von fremden Besuchern gestört werden. Am seinem südlichen Ende wurde vor wenigen Jahren ein kleiner Hafen am Meer gebaut.

Galtelli

Das dörfliche Kleinod (2700 Einw.) liegt 8 km westlich von Orosei nahe dem ebenen Südufer des Fiume Cedrino. Die sardische Dichterin und Literaturnobelpreisträgerin **Grazia Deledda** (1871–1936) verewigte Galtelli in ihrem Roman ›*Canne al vento*‹ (›Schilf im Wind‹). Manche der weißen und gedrungen wirkenden Dorfhäuser stammen in ihrem Kern noch aus dem 14. Jh., als Galtelli Sitz reicher spanischer Barone und sogar des Bischofs war.

Die Pfarrkirche **Santissimo Crocifisso** liegt im Dorfzentrum an der gepflegten *Piazza Parrocchiale*. Die einschiffige Kirche wurde im 16. Jh. auf einem älteren Vorgängerbau errichtet und wenig später barockisiert. Zu ihrer überraschend kostbaren Ausstattung gehört in der Hauptaltarwand eine wunderbar gefasste hölzerne Marienfigur mit goldenem Brokatkleid und blauem Mantel.

Die Via San Pietro führt hinaus zur Friedhofskirche, der früheren **Cattedrale San Pietro** (11. Jh.). An ihren Innenwänden entdeckte man jüngst einen Freskenzyklus aus dem 12./13. Jh. mit Bildern aus dem Alten und Neuen Testament. Der geradezu zierliche Festungs-turm am westlichen Dorfrand gehört zum heute größtenteils verfallenen **Castello Guzzetti** (15./16. Jh.).

i Praktische Hinweise

Information

Associazione Turistica/Pro Loco, Piazza del Popolo 12, Orosei, Tel. 07 84 99 77 03, Fax 07 84 99 81 89. – **Pro Galte**, Via Garibaldi 2, Galtelli, Tel. 078 49 01 40, www.galtelli.com

Hotel

******Maria Rosaria**, Via Grazia Deledda 13, Orosei, Tel. 0 78 49 86 57, Fax 0 78 49 85 96, www.itihotels.it. Hübsches Stadthotel mit Swimmingpool und sehr gutem Restaurant mit Pizzaofen.

41 Orgosolo

Das berüchtigte ›Banditennest‹ mit sozialkritischen Wandmalereien wirbt um Verständnis interessierter Besucher.

Eine der schönsten Strecken durch das Supramonte verbindet Oliena mit dem bis in die 70-er und 80-er Jahre des 20. Jh. als Zentrum von Banditen und Aufrührern berüchtigten Orgosolo (4900 Einw.). Obwohl die beiden Orte nur 18 km voneinander entfernt liegen, wurde die vielfach gewundene schmale Bergstraße erst Ende der 1990er-Jahre asphaltiert, weil Insel- und Staatsregierung früher kein Interesse daran hatten, die Gegend zu erschließen. Der Weg führt durch dichte Macchia, am Rand stehen Nuss- und Mandelbäume. Kurz vor Orgosolo beleben Weinberge, Oliven- und Gemüsegärten die Landschaft, am Wegrand sind mehrere Quellen gefasst.

Einbildung oder Tatsache? Schon die Häuser von Orgosolo wirken wie eine verschworene Gemeinschaft, stehen ineinander verschachtelt oder dicht nebeneinander. Offene Altane unter Mauerbögen zieren die ersten Stockwerke. Daneben sieht man noch *Fughiles*, niedrige in den Fels geschlagene Gewölbe unter dem Gassenniveau. Ausgetretene Holzstufen führen hinab, Tageslicht dringt nur durch einen kleinen Rauchabzug in der Balkendecke ein. Heute dienen diese früheren Hirtenwohnungen als Ställe oder Lager.

Die neuen Häuser stehen am Rande des Dorfes, würden aber mit ihrem fast fensterlosen, abweisenden Äußeren gewiss keinen Schönheitswettbewerb gewinnen. Doch auch sie werden teilweise von den **Murales** bedeckt, für die Orgosolo so berühmt ist. Mehr als 100 solcher Wandmalereien hat man in dem Bergdorf registriert. Inzwischen sind zwar auch Werbebotschaften darunter, doch

Im Würgegriff des Kapitalismus – die Murales von Orgosolo sind Volkes Stimme

die meisten haben politische Inhalte, prangern soziale Missstände und *Vendetta* an. Bildlich festgehalten ist beispielsweise, wie sich 1970 die Bevölkerung von Orgosolo – mit Erfolg – gegen NATO und italienische Regierung zur Wehr setzte. Letztere plante auf der Hochebene von **Pratobello** einen Militärübungsplatz, dessen Bau den Schafherden Weideland und damit den Schäfern und ihren Familien die Lebensgrundlage entzogen hätte.

i Praktische Hinweise

Restaurant

*****Sa'e Jana**, Via E. Lussu, Orgosolo, Tel./Fax 07 84 40 24 37. Die sardischen Speisen in dem Lokal am Dorfrand sind hausgemacht, auch das hauchdünne *Pan carassau*. Die Familie betreibt im selben Gebäude ein einfaches Hotel.

42 Fonni

Skifahren und Wandern südlich von Sardiniens höchstgelegenem Dorf.

Barbágia Ollolai heißt die sanfthügelige Gebirgsregion des nördlichen Gennargentu. Hier liegt in 1000 m Höhe, inmitten gestauter Seen und dunkler Bergwälder, das alte **Hirtendorf**. Sein Zentrum gruppiert sich um den großzügigen barockisierten Klosterkomplex des *Santuario della Madonna dei Martiri* der Franziskaner aus dem 17./18. Jh. Zahlreiche Neubauten am Ortsrand weisen darauf hin, dass Fonni (4400 Einw.) als Ausgangspunkt für das südlich liegende *Skigebiet* des **Monte Spada** (1595 m) bei Touristen immer beliebter wird. Dies gilt auch für die Sommer- und Herbstmonate, in denen *Wanderer* die großartige Bergwelt erkunden.

Berühmt ist Fonni für die schönen **Trachten** seiner Frauen, die noch heute zu Fest- und Feiertagen ihre leuchtend roten, aufwendig plissierten Röcke und Schürzen sowie die knappen bestickten Westen tragen. Besonders viele Bewohner sind beim Frühjahrsfest **Sagra della Madonna dei Martiri** in der Woche nach Pfingsten traditionell gekleidet. Dann wird mit Umzügen und Tänzen die Rückkehr der Hirten gefeiert, die den ganzen Winter über ihre Herden auf der tiefer gelegenen Ebene des Campidano im Westen weideten.

6 km westlich von Fonni kann man den **Lago di Gusana** fast vollständig umfahren. Vor allem Sarden besuchen den

Rotkäppchen war ein Waisenkind gegen die Trachtenträgerinnen aus Desulo und Fonni

Für die Mühen des Aufstiegs entschädigt den Bergwanderer die Aussicht oberhalb von Aritzo über das Gennargentummassiv

Stausee des Rio Taloro gern: Seine Ufer sind von Steineichen bestanden, das klare warme Wasser lädt im Sommer zu einem Bad ein, man kann Kanu fahren und rudern. Der See entstand, wie die meisten Staubecken der nördlichen Barbágia, erst in den 80er- oder 90er-Jahren des 20. Jh. Durch ihren Bau bekam man das im Hochsommer häufig auftauchende Problem des *Wassermangels* in den Griff und schuf überdies neue *Freizeitmöglichkeiten*, was wiederum den Bergdörfern wirtschaftlich zugute kommt.

i Praktische Hinweise

Hotels

*****Cualblu**, Viale del Lavoro 21, Fonni, Tel. 0 78 45 70 54, Fax 0 78 45 84 03. Großzügiges Hotel mit 50 Zimmern und klassischem Restaurant.

*****Taloro**, Lago di Gusana, 6 km westlich von Fonni, Tel. 0 78 45 30 33, Fax 0 78 45 37 40, www.hoteltaloro.it. Zu dem freundlichen Hotel am Stausee gehört eine auch bei Tagesausflüglern beliebte Terrasse.

43 Desulo

Hirtendorf mit touristischen Ambitionen.

Immerhin 888 m hoch liegt Desulo (3000 Einw.) in den flachkuppigen Hügeln am Nordhang der **Monti del Gennargentu**. Zu ihnen gehört die **Punta La Marmora**, mit 1834 m höchster Berg der Insel. Der benachbarte wintersporttaugliche **Bruncu Spina** ist nur 5 m niedriger. Beide Gipfel sind von Desulo aus gut zu ersteigen. Überhaupt bietet sich das Dorf als Ausgangspunkt für Bergwanderungen und Skitouren an. Die meisten Bewohner von Desulo freuen sich über die Touristen und fördern die sich abzeichnende Entwicklung zum ›sardischen Zentrum der Mountainbiker‹. Gleichzeitig will man mit den natürlichen Ressourcen haushalten und sie erhalten. 90 000 ha der Berge bis ans Meer bei Orosei stehen unter Naturschutz und Desulo gilt als Tor zum TOP TIPP **Parco Naturale del Gennargentu**. Dieser offenbart sich als großartiges Wandergebiet mit Eichen und Kastanienhainen, mit Wacholder- und Erdbeerbäumen, umgeben von den intensiv duftenden Wildkräutern und weiß blühenden Zistrosen der dichten Macchia.

i Praktische Hinweise

Information

Pro Loco, Via La Marmora 89, Desulo, Tel. 07 84 61 98 87, www.unplisardegna.it

Fahrradverleih

Mountain Bike Desulo, Via La Marmora 89, Desulo, Tel. 07 84 61 98 80. Verleih von gewarteten Mountainbikes und Durchführung schöner Touren.

44 Aritzo

Das Bergdorf in der Barbágia di Belvi bietet Sommerfrische und wilde Pferde.

Seit Ende des 19. Jh. schätzen die Bewohner der warmen Küstenregionen Sardiniens, vor allem aus Cagliari, das 796 m hoch gelegene Aritzo (2000 Einw.) als Sommerfrische. Das Dorf liegt inmitten ausgedehnter Kastanienwälder, und wenn in der letzten Oktoberwoche die

Sagra della Castagna gefeiert wird, kommen täglich bis zu 300 Busse nach Aritzo. Dann duftet es zwar intensiv nach gerösteten Maronen und frisch gemahlenem Kastanienmehl, aber in den engen Gassen ist kaum ein Durchkommen.

Sonst liegt Aritzo malerisch und beinahe verträumt an einem Hang, aus dem scheinbaren Gewirr roter Ziegeldächer ragt der viereckige Glockenturm der gotischen Pfarrkirche **San Michele Arcangelo** hervor. Das historische Zentrum ringsum besteht aus teils unverputzten hellen, teils pastellfarbig gestrichenen schmalen Häusern, an denen schattige Holzbalkone wie Schwalbennester kleben. Unterhalb der Durchgangsstraße befindet sich im Gebäude der Volksschule noch das von Armando Maxia liebevoll geführte **Museo Etnografico** (Tel. 07 84 62 92 18, Di–So 10–13 und 16–19 Uhr). Zur Sammlung gehören lokale, tiefrote Trachten ebenso wie intarsienverzierte Holztruhen und Winzerwerkzeug. Man erfährt hier vieles über Wachszieher und Schäfer, das regional bedeutsame Thema ›Kastanien‹ wird samt Sammeln, Rösten und Backen besonders ausführlich behandelt. Wenn der im Ausbau befindliche, 8 ha umfassende *Parco Comunale* im Südosten des Ortes mit Nuraghen, Feenhäusern und Quellen eines Tages fertig gestellt ist, soll dort auch die reiche Museumssammlung einen würdigen Platz finden (geplant 2005).

Hausrat und Handwerkszeug aus der ›guten alten Zeit‹ zeigt das Museo Etnografico

Die waldreiche **Barbágia di Belvi** um Aritzo bewahrte ihren urtümlichem Reiz. Auf den rundkuppigen Bergen leben Mufflons, Wildschweine und wilde Pferde, in den Höhenlagen nisten sogar Geier. Außerdem bietet der nahe Fluss Flumendosa ein herrliches Revier für Kanuten und Kajakfahrer.

Ein weites Panorama genießt man vom **Texile** (975 m) gegenüber von Aritzo, dessen Kegelspitze wie ein Schornstein aus dem dunklen Grün der Berghänge in den Himmel ragt. Er ist nicht nur ein beliebtes Fotomotiv, sondern auch ein schönes Wandergebiet. Die beliebtesten Routen führen jedoch an den Flumendosa, an dessen Ufern zahlreiche Feenhäuser auf nuraghische Besiedlung hinweisen.

Beim Einfangen der Wildpferde hängen die Männer von Aritzo in den Seilen

Geschmack von Freiheit und Abenteuer

Am Oberlauf des Flumendosa leben etwa 100 **wilde Pferde**. Es handelt sich um Nachkommen ursprünglich zahmer Araber, die im 14. Jh. die Spanier mit auf die Insel brachten. Sie sind also nicht mit den kleinen Wildpferden der Giara di Gesturi [s. S. 40] zu verwechseln.

Doch der Lebensraum der **Cavalli del Gennargentu** verkleinerte sich durch Straßenbau und Waldnutzung immer mehr. Um die Pferde vor dem Aussterben zu bewahren, haben die Männer von Aritzo 1990 gewissermaßen die Patenschaft für die prachtvollen Tiere übernommen und für sie weitläufig Gemeindeland eingezäunt. Einmal im Jahr werden die Cavalli für die **Marchiatura** eingefangen, bei der sie Brandzeichen erhalten. Zu dieser Gelegenheit wird auch ein **Rodeo** veranstaltet, an dem schon einmal ein echter Rodeo-Cowboy aus Amerika teilgenommen hat – und blitzschnell abgeworfen wurde. Natürlich im Gegensatz zu den Könnern aus Aritzo …

i Praktische Hinweise

Hotel

TOP TIPP ****Sa Muvara**, Località Fontana Rubia, Aritzo, Tel. 07 84 62 93 36, Fax 07 84 62 94 33, www.samuvarahotel.com. Paradehaus am Dorfrand von Aritzo. Mit großem Swimmingpool, der aus einer eigenen Quelle gespeist wird. Umfangreiches Ausflugsprogramm. Abgeschlossener Parkplatz. Sehr gutes Restaurant mit hausgemachten lokalen Spezialitäten. Je nach Jahreszeit stehen z. B. Steinpilze, Kastanien, Wildschwein, Mufflonschinken oder Bachforellen auf der Speisekarte – sowie die ›Dauerbrenner‹ Milchspanferkel und Lammbraten.

45 Lanusei

Kreishauptstadt in würziger Bergluft.

Rund 20 km landeinwärts gelegen, führen zahlreiche Pässe von der Küste in das 600 m hoch zwischen Macchia und Laubwäldern gelegene Lanusei (6400 Einw.). Seine hohen, pastellfarben gestrichenen Häuser drängen sich entlang enger Straßen an einen Hang. Von unverbauten Aussichtspunkten schweift der Blick bis ans Meer. Auch Einheimische genießen dieses Panorama, etwa wenn sie sich zur abendlichen *Passeggiata* auf dem *Corso Roma* einfinden. Den properen Wohnhäusern mit ihren schmiedeeisernen Balkonen und dem reichen Blumenschmuck sieht man es an, dass es Lanusei als Verwaltungszentrum und Hauptstadt des fruchtbaren Kreises **Ogliastra** zu einigem Wohlstand gebracht hat. Die Bewohner sind Fremden gegenüber aufgeschlossener als man es sonst von sardinischen Bergdörfern gewohnt ist. Dieser Umstand trägt sicher zur angenehmen Atmosphäre in dem ansprechenden, jedoch unspektakulären Ort bei.

Am Fuße des Städtchens liegt ein kleiner **Bahnhof**, über den der Zug von Cagliari nach Tórtoli und Arbatax fährt. Die kurvenreiche *Bahnstrecke* durch die Berge berührt z. B. 11 km vor Lanusei das verlassene Dorf **Gairo**. In den 50er-Jahren des 20. Jh. hatte es ein Erdrutsch unbewohnbar gemacht. Seither wirken die aufgegebenen, allmählich verfallenden Häuser an einem grünen Hang so ›romantisch‹ ruinenhaft.

John Wayne lässt grüßen – das Hochtal um Ulassai erinnert an eine Westernfilmkulisse

Praktische Hinweise

Hotels

***Belvedere**, Corso Umberto 24, Lanusei, Tel. 078 24 21 84, Fax 07 82 48 20 50. Stadthotel mit zehn Zimmern im Zentrum. Weiter Ausblick von der wunderschön gelegenen Terrasse.

***Villa Selene**, Località Corrodis, Lanusei, Tel. 0 78 24 24 71, Fax 0 78 24 12 14, www.hotelvillaselene.it. Größeres Hotel zwischen Obstgärten und Steineichen am Ortsausgang Richtung Gairo. Mit Pool.

46 Ulassai

Weingärten und Tropfsteinhöhle in großartiger Berglandschaft.

Abrupt und oben sehr steil erheben sich die Gebirgsstöcke der **Barbágia di Seulo** aus dem weiten grünen Hochtal des *Fiume Flumendosa*. Die charakteristischen Bergformen erinnern an das amerikanische Monument Valley. Am Fuß des 956 m hohen **Bruncu Matzeu**, eines der schroff aufragenden Kalkmassive, liegt das **Bergdorf** Ulassai. Leider ist sein ursprünglicher Ortskern hinter unmäßigen Neubauten kaum noch zu erkennen. Einen Besuch lohnt aber allein schon der Anblick der bizarren, turmartig verwitterten Felsformationen über dem Dorf. Sie werden **Tacchi** genannt und sind typisch für die Bergregionen der Ogliastra. Auch Weinliebhaber zieht es nach Ulassai, kann man hier doch den vorzüglichen *Cannonau di Jerzu* sowie den *Cannonau della Ogliastra* kosten und kaufen.

Das zu Recht beliebteste Ausflugsziel in der Umgebung ist die weitverzweigte **Grotta su Marmuri** (Tel. 0 78 27 98 59, tgl. 11–14 und 16–18 Uhr, stündl. Führungen ab 4 Pers.) über Ulassai. Ein Gang durch die konstant fast 10 °C kühle **Tropfsteinhöhle** führt in einer knappen Stunde durch mehrere beleuchtete Säle. Die aufregendsten Karstformationen erlebt man in der *Sala dei cactus*, dem Kaktussaal, mit ihrem 20 m hohen Stalagmiten, in der *Sala degli organi* mit einer fast weißen Tropfsteinorgel und in der *Sala delle meraviglie*, dem Saal der Wunder, deren bizarre Formen die Fantasie zu allerlei Kapriolen anregen.

Als zerklüfteter Block ragen die roten Felsen von Arbatax auf. Jugendliche nutzen die podestartigen Porphyrsäulen gern als Plattformen, von denen aus sie ins Meer springen

47 Arbatax

Rote Felsen und feine Sandstrände.

Weit ragt das felsige **Capo Bellavista** ins *Mare Tirreno* hinaus. Die Halbinsel ist in weiten Teilen militärisches Sperrgebiet, aber um eine Bucht an ihrer Nordküste gruppiert sich das frühere Fischerdorf Arbatax. Obwohl in letzter Zeit viel gebaut wurde, besteht der Ort noch immer aus relativ wenigen Wohnhäusern. Im Vergleich dazu ist der Fährhafen riesig und es herrscht dort reger Betrieb. Um das Hafenbecken haben sich zahlreiche Reisebüros, Versicherungen, Lebensmittelgeschäfte sowie Souvenirläden angesiedelt, auch einen Bahnhof gibt es. Dies alles deutet darauf hin, wie beliebt die Hauptattraktion von Arbatax ist, die unmittelbar östlich gelegenen **Rocce Rosse**, die berühmten roten Porphyrklippen. Es ist tatsächlich ein großartiger Anblick, wie sie sich in ihrer intensiven Farbe steil und zerklüftet aus dem gischtsprühenden Meer erheben. Der mit dunklem Dyorit durchsetzte Stein verändert seine rötlichen Schattierungen mit dem Einfall der Sonnenstrahlen. Leider wurde unmittelbar neben den grandiosen Klippen ein riesiger Parkplatz angelegt, unter dem die Schönheit des Naturschauspiels erheblich leidet.

Sand statt Felsen findet man am südlichen Ansatz der Halbinsel bei der Feriensiedlung **Marina San Gemiliano**. An dieser Küste bewacht ein gut erhaltener spanischer Sarazenenturm einen hellen Strand und den nahen Campingplatz.

Tórtoli

Die Zufahrtsstraße nach Arbatax führt über Tórtoli (10 100 Einw.), Geschäftszentrum und, wie manche sagen, heimliche Hauptstadt der Ogliastra. Jedenfalls kaufen die Einheimischen hier gerne ein, für Touristen hat der Ort wenig zu bieten. Höchstens als Ausgangspunkt für die

Ostküste und das Inselzentrum ist er interessant. Dies gilt umso mehr, als 1999 der *Internationale Flughafen* von Tórtoli erheblich ausgebaut wurde, damit auch große Maschinen landen können.

Santa Maria Navarrese

Zum Baden fahren die Bewohner von Tórtoli gern 8 km nach Norden zum **Ferienort** Santa Maria Navarrese. Das einstige Fischerdorf aus dem 11. Jh. besitzt einen grobkörnigen langen Sandstrand und glasklares Wasser. Dekorativ ist der runde *Sarazenenturm* aus dem 17. Jh. im Norden der Bucht. Tatsächlich ist Santa Maria Navarrese in den letzten Jahren enorm gewachsen, hat neue Hotels und einen touristischen Hafen bekommen. Richtig gemütlich ist es in dem kleinen Ort. Besonders schön sind die uralten Johannisbrotbäume und die hohen Schirmpinien auf den Plätzen. Den pittoresken Eindruck verstärken die Manna-Eschen, die die Straßen säumen.

i Praktische Hinweise

Information

Pro Loco, Via Mazzini 7, Tórtoli, Tel. 07 82 62 28 24

Flughafen

Aeroporto Arbatax-Tórtoli, Tel. 07 82 62 44 60

Schiff

Agenzia Torchiani, Via Venezia 10, Arbatax, Tel. 07 82 66 78 41. Im Sommer je zweimal wöchentlich Fährverbindungen nach Civitavecchia, Genua (über Olbia) und Cagliari.

Hotel

*****Mediterraneo**, Via Lungomare, Santa Maria Navarrese, Tel. 07 82 61 53 80, Fax 07 82 61 54 28, www.albergo mediterraneo.it. Schön in einem Garten gelegenes Ferienhotel am südlichen Ortsrand, 50 m von der Küste.

48 Torre di Bari

Idyllisch sind die kilometerlangen Strände um den pittoresken Sarazenenturm.

An sich gehört das kleine Torre di Bari an der Küste zur Gemeinde des 4 km entfernten Landstädtchens **Bari Sardo**. Aber längst hat der ›Hausstrand‹ die Muttersiedlung an Bedeutung und Besucherzahlen überrundet. Dafür sorgt die *abwechslungsreiche Küstenlandschaft* um den angenehm zurückhaltenden Ferienort. Etwa 12 km lang ist der Sandstrand **Marina di Bari** um den großen runden Sarazenenturm, der sich seit dem 16. Jh. auf einer kleinen felsigen Landzunge erhebt. Durchsetzt von einigen kleineren felsigen Abschnitten, zieht er sich im Süden bis zur *Baia di Gáiro* hin, stets begleitet von ausladenden Pinien und Eukalyptusbäumen. Nördlich des Turmes erstreckt sich der Strand auf 3 km mehlfein und goldgelb. Dazwischen schieben sich immer wieder niedrige, leicht zu überwindende bzw. zu umgehende Felsvorsprünge Richtung Meer.

TOP TIPP

i Praktische Hinweise

Hotel

******La Torre Due**, Via Mare, Torre di Bari, Tel. 0 78 22 80 30, Fax 0 78 22 95 77, www.hotelatorresardegna.it. Charmante zweistöckige Hotelbungalows kurz vor dem Strand, aus bunten Reihenhäusern um einen blühenden Garten mit Springbrunnen entstanden. Mit sehr gutem Restaurant, das sich die hausgemachten Köstlichkeiten teuer bezahlen lässt. Nudeln und Fisch sind zwar erstklassig, aber einfacher und preiswerter isst man im benachbarten ›Mutterhaus‹ La Torre.

Am Sarazenenturm von Marina di Bari scheiden sich Sand- und Kiesstrände

Sardinien aktuell A bis Z

Vor Reiseantritt

ADAC Info-Service:
Tel. 0 18 05/10 11 12, Fax 0 18 05/30 29 28 (0,12 €/Min.)

ADAC im Internet:
www.adac.de
www.adac.de/reisefuehrer

Sardinien im Internet:
www.ilportalesardo.it
www.regione.sardegna.it
www.sardinien.com

Informationen erteilt das **Staatliche Italienische Fremdenverkehrsamt ENIT** (Ente Nazionale Italiana per il Turismo)**:**
www.enit-italia.de
www.enit.at
www.enit.ch

Prospektbestellung:
Tel. 0 08 00 00 48 25 42 (gebührenfrei)

Deutschland
Kontorhaus Mitte, Friedrichstraße 187, 10117 Berlin,
Tel. 030/2 47 83 98, Fax 030/2 47 83 99,
enit-berlin@t-online.de

Kaiserstr. 65, 60329 Frankfurt/Main,
Tel. 069/23 74 30, Fax 069/23 28 94,
enit.ffm@t-online.de

Lenbachplatz 2, 80333 München,
Tel. 089/53 13 17, Fax 089/53 45 27
enit-muenchen@t-online.de

Österreich
Kärntnerring 4, 1010 Wien,
Tel. 01/5 05 16 39, Fax 01/5 05 02 48
delegation.wien@enit.at

Schweiz
Uraniastr. 32, 8001 Zürich,
Tel. 04 34 66 40 40,
Fax 04 34 66 40 41, info@enit.ch

Allgemeine Informationen

Reisedokumente

Reisepass oder Personalausweis, für Kinder unter 16 Jahren ein Kinderausweis oder Eintrag im Elternpass.

Kfz-Papiere

Neben Führerschein und Fahrzeugschein empfiehlt es sich, die *Internationale Grüne Versicherungskarte* mitzunehmen. Wer einen fremden Wagen fährt, benötigt eine Vollmacht des Fahrzeughalters.

Krankenversicherung

Vor Reiseantritt erhalten gesetzlich Versicherte bei ihrer Krankenkasse seit 2005 die scheckkartengroße *Europäische Krankenversicherungskarte*, die eine eventuell notwendige ärztliche Behandlung und Versorgung garantiert.

Sicherheitshalber empfiehlt sich jedoch der Abschluss einer zusätzlichen *Reisekranken- und Rückholversicherung*.

Die Urlaubsinsel Sardinien ist auch bequem mit dem eigenen Auto zu erreichen **(oben)**, *traditionelle Märkte wie der von Santu Lussurgiu sind bei Einheimischen wie bei Touristen gleichermaßen beliebt, was übrigens auch für die luftgetrockneten sardischen Schinken gilt* **(Mitte)**, *und das traditionelle Kunsthandwerk bietet schöne Erinnerungsstücke* **(unten)**

Hund und Katze

Für Hunde und Katzen ist bei Reisen innerhalb der EU ein gültiger, vom Tierarzt ausgestellter EU Heimtierausweis vorgeschrieben, ebenso Kennzeichnung durch Mikrochip oder Tätowierung. Bis zum Jahr 2011 gelten Übergangsregelungen.

Zollbestimmungen

Reisebedarf für den persönlichen Gebrauch obliegt innerhalb der EU keinen Beschränkungen und darf abgabenfrei eingeführt werden. Es gelten allerdings Richtmengen für den Privatreisenden: 800 Zigaretten, 400 Zigarillos, 200 Zigarren, 1 kg Tabak, 10 l Spirituosen, 20 l Zwischenerzeugnisse, 90 l Wein (davon max. 60 l Schaumwein), 110 l Bier.

Bei Reisen in und durch **Drittländer** (Schweiz) dürfen zollfrei mitgeführt werden: 1 Stange Zigaretten, 1 l Spirituosen über 22 % oder 2 l Spirituosen unter 22 %, 50 ml Parfum, 250 ml Eau de Toilette, 500 g Kaffee und 100 g Tee.

Geld

Die gängigen *Kreditkarten* werden von Banken, Hotels und vielen Geschäften akzeptiert. Zum Geldabheben rund um die Uhr stehen zahlreiche *EC-Bankomaten* zur Verfügung. Auch mit der *Postbank SparCard* erhält man an VISA PLUS-Automaten 24 Stunden täglich Geld.

Tourismusämter im Land

In allen größeren Orten gibt es Tourismusämter und Informationsbüros, die in den ›Praktischen Hinweisen‹ aufgeführt sind. Zentrale:

Ente Sardo Industrie Turistiche (ESIT), Via Mameli 97, 09124 Cagliari, Tel. 07 06 02 31, 800/01 31 53 (nur in Italien, gebührenfrei), Fax 0 70 66 46 36, www.esit.net.

Notrufnummern

Polizeinotruf, Unfallrettung: Tel. 113

Polizei (Carabinieri): Tel. 112

Ärztlicher Notruf: Tel. 118

Feuerwehr (Vigili del fuoco): Tel. 115

Bei *Autopannen* leistet der **ACI-Pannendienst** (Soccorso Stradale), Tel. 80 31 16, Mobil-Tel. 8 00 11 68 00, rund um die Uhr Hilfe. Man beachte die gelben, etwa alle 2 km zu findenden *Notrufsäulen* an den Autobahnen.

ADAC-Notrufstation Mailand:
Tel. 02 66 15 91 (ganzjährig)

ADAC-Notrufzentrale München:
Tel. 00 49/89/22 22 22 (24-Std.-Service)

ADAC-Ambulanzdienst München:
Tel. 00 49/89/76 76 76 (24-Std.-Service)

Österreichischer Automobil Motorrad und Touring Club
ÖAMTC Schutzbrief Nothilfe:
Tel. 00 43/(0)1/2 51 20 00

Touring Club Schweiz
TCS Zentrale Hilfsstelle:
Tel. 00 41/(0)2 24 17 22 20

Bei Unfällen mit *Sachschäden* ist es dringend erforderlich, die Versicherung und die Versicherungsnummer des Unfallgegners zu notieren. Bei Unfällen mit *Personenschäden* muss die Polizei verständigt werden.

Diplomatische Vertretungen

Deutschland

Honorarkonsulat, Via Raffa Garcia 9, 09126 Cagliari, Tel./Fax 0 70 30 72 29

Botschaft, Via S. Martino della Battaglia 4, 00185 Rom, Tel. 06 49 21 31, Fax 0 64 45 26 72, www.ambgermania.it

Österreich

Botschaft, Via Pergolesi 3, 00198 Rom, Tel. 0 68 44 01 41, Fax 0 68 54 32 86, www.austria.it

Schweiz

Botschaft, Via B. Oriani 61, 00197 Rom, Tel. 06 80 95 71, Fax 0 68 08 85 10, www.eda/admin.ch/roma

Besondere Verkehrsbestimmungen

Tempolimits (in km/h): Im Ortsbereich Pkw (auch mit Anhänger), Motorräder und Wohnmobile 50. Auf Land- und Gemeindestraßen Pkw (ohne Anhänger) und Motorräder 90 (auf Schnellstraßen 110, Beschilderung beachten), Pkw mit Anhänger 70. Auf Autobahnen Pkw (ohne Anhänger) 130 (Erhöhung auf 150 geplant) bei Regen 110, mit Anhänger 80.

Auf allen Straßen außerhalb von Stadtzentren und Orten muss auch tagsüber mit Abblendlicht gefahren werden. Motorräder müssen grundsätzlich mit Abblendlicht fahren. Es besteht Anschnallpflicht und für Lenker und Mitfahrer von Zweiradfahrzeugen Sturzhelmpflicht. Kinder unter 12 Jahren müssen auf dem Rücksitz befördert werden. Das Telefonieren während der Fahrt ist nur mit Freisprechanlage erlaubt. Das Nationalitätenkennzeichen ist Pflicht, es sei denn, das Fahrzeug besitzt ein EU-Kennzeichen.

Jede Person, die im Falle einer Panne oder eines Unfalls auf offener Straße den Wagen verlässt, muss eine reflektierende Warnweste tragen.

Die Promillegrenze liegt bei 0,5.

Öffentliche Parkplätze sind durch weiße oder blaue Markierungen gekennzeichnet. ›Blaue‹ Parkplätze sind gebührenpflichtig.

Wichtig: Jede Ladung, die nach hinten überragt (Surfbretter, Boote, Fahrradständer etc.), muss mit einer 50 x 50 cm großen, rot-weiß-roten, reflektierenden Warntafel gekennzeichnet werden. Nichts darf über die Vorderkante des Fahrzeugs hinausragen.

Anreise

Auto

Umfangreiches **Informations-** und **Kartenmaterial** können Mitglieder des ADAC kostenlos bei den ADAC-Geschäftsstellen oder unter Tel. 0 81 05/10 11 12 (0,12 €/Min.) anfordern. Außerdem sind im ADAC Verlag erschienen: ADAC LänderKarte *Süditalien* (1:500 000), ADAC ReiseAtlas *Deutschland/Europa* (1:200 000), ADAC TravelAtlas *Europa* (1:750 000). www.adac.de/karten.

Für die *Alpenüberquerung* bieten sich verschiedene Pässe an. Wer den Weg durch Österreich wählt, nimmt die **Brennerautobahn** und fährt weiter über Brescia und Cremona zu den wichtigsten Fährhäfen Genua, La Spezia, Livorno oder Civitavecchia. Reizvoller und kürzer ist der Transfer durch die Schweiz. Zügig geht es über **San Bernardino** und Lugano. Vom Comer See führt die Autobahn über Mailand an die Küste.

Die österreichischen und Schweizer Autobahnen sind **mautpflichtig**, Vignetten erhält man an den Grenzstationen. Die Autobahngebühren in Italien richten sich nach der Wagenklasse. Man kann in Euro, an der Brennerautobahn auch mit Fremdwährung zahlen. Mit der bargeldlosen *Viacard* (Karten zu 25 €, 50 € oder 75 € beim ADAC, in Italien an der Grenze und an Autobahnstationen erhältlich) wird man an vielen Mautstellen auf eigenen Fahrspuren meist schneller abgefertigt.

Autobahn-Tankstellen sind durchgehend geöffnet, die übrigen Tankstellen meist Mo–Fr 7–12.30 und 15.30–19.30 Uhr (Achtung: Ruhetag). Auf Hauptstrecken gibt es SB-Tankstellen, die Geldscheine zu 5, 3, 10 und 20 € sowie Kreditkarten annehmen.

Bahn

Von Deutschland, Österreich und der Schweiz gibt es keine Direktverbindungen nach Sardinien. Wer mit der Bahn reisen will, muss z. T. mehrmaliges Umsteigen bis in die Hafenstädte Genua, La Spezia, Livorno oder Civitavecchia in Kauf nehmen.

Fahrplanauskunft:

Deutschland
Deutsche Bahn, Tel. 1 18 61 (gebührenpflichtig), Tel. 08 00/1 50 70 90 (sprachgesteuert), www.bahn.de

Deutsche Bahn AutoZug,
Tel. 0 18 05/24 12 24 (0,12 €/Min.),
www.autozug.de

Österreich
Österreichische Bundesbahn,
Tel. 05 17 17, www.oebb.at

Schweiz
Schweizerische Bundesbahnen,
Tel. 09 00 30 03 00, www.sbb.ch

Flugzeug

Auf Sardinien gibt es mehrere internationale Flughäfen: Aeroporto Olbia-Costa Smeralda (www.geasar.it) bei **Olbia**, Aeroporto Internazionale Cagliari-Elmas (www.aeroportodicagliari.com) bei **Cagliari** und Aeroporto Alghero-Fertilia (www.aeroportodialghero.com) bei **Alghero**. Von einigen Fluggesellschaften wird auch der Flughafen **Arbatax-Tórtoli** bei Arbatax angeflogen. Neben Lufthansa, Air Dolomiti oder Alitalia bieten inzwischen z.B. auch Easyjet, Ryanair, Hapag Lloyd Express Verbindungen nach Sardinien an.

Schiff

Sardinien ist besonders im Sommerhalbjahr hervorragend durch Fähren mit dem Festland verbunden. Die schnellste und preiswerteste Verbindung besteht zwischen *Civitavecchia* und Olbia/Golfo Aranci. Die eite Anfahrt für diese Route, lohnt die Überfahrt ab *Genua*, *La Spezia* oder *Livorno*. Während der Schulferien, speziell Mitte Juli bis Mitte September, ist eine Reservierung unbedingt nötig! Man kann sowohl über Reisebüros buchen oder direkt bei den Fährgesellschaften:

Tirrenia Navigazione, Agentur Farina, Frankfurt/Main, Tel. 0 69/6 66 84 91, Fax 0 69/6 66 84 77, Sardinien: Tel. 07 06 66 06 54, www.tirrenia.com (auch Online-Buchungen und Informationen anderer Fährgesellschaften).

Enermar, Genua, Tel. 8 99 20 00 01 (0,25 €/Min.), www.enermar.it. Fährverbindungen: Genua – Palau, Palau – La Maddalena

Grandi Navi Veloci, Genua, Tel. 8 99 19 90 69, (0,25 €/Min.), www.gnv.it. Fährverbindungen: Genua – Porto Tórres und Genua – Olbia

Linea dei Golfi, Piombino, Tel. 05 65 22 23 00, Fax 05 65 22 57 50, www.lineadeigolfi.it. Fährverbindungen: Piombino – Olbia, Livorno – Olbia, Livorno – Cagliari

Moby Lines, Wiesbaden,
Tel. 06 11/1 40 20, Fax 06 11/1 40 22 44,
Italien: Tel. 02 72 01 10 16, Fax 02 86 53 96,
www.mobylines.de. Fährverbindungen:
Genua – Olbia, Livorno – Olbia,
Civitavecchia – Olbia

Sardinia Ferries, München,
Tel. 0 18 05 00 04 83 (0,12 €/Min),
Fax 089/38 99 91 12, Sardinien: Tel.
0 78 92 52 00, www.sardiniaferries.com.
Fährverbindungen: Livorno – Golfo
Aranci, Civitavecchia – Golfo Aranci

Ferrovia dello Stato, an allen Bahnhöfen in Italien buchbar. Fährverbindung: Civitavecchia – Golfo Aranci

Zwischen Sardinien und den vorgelagerten Inseln und Archipelen besteht eine gute Anbindung. Die wichtigsten **Fährhäfen** sind Olbia, Golfo di Aranci, Porto Tórres und Cagliari.

Bank, Post, Telefon

Bank

Die Banken sind in der Regel Mo–Fr 8.30–13.20 Uhr, oft auch nachmittags 15–16.15 Uhr geöffnet.

Post

Kleine Postämter sind in der Regel Mo–Fr 8–12, größere 8–13.30/14 Uhr und Sa 8–12 Uhr geöffnet, das Hauptpostamt in Cagliari hat längere Öffnungszeiten.

Telefon

Internationale Vorwahlen:
Italien 00 39
Deutschland 00 49
Österreich 00 43
Schweiz 00 41

In Italien ist die Ortsnetzkennzahl fester Bestandteil der Telefonnummern und muss **immer** (inkl. der 0) mitgewählt werden. Dagegen fällt bei der Handy-Nr. die 0 weg.

Die öffentlichen Telefonzellen auf Sardinien sind fast ausschließlich für **Telefonkarten** (*Scheda telefonica*, perforierte Ecke abreißen) eingerichtet, die zu 1 3, 2,50 € und 5 € in Telecom-Läden, Kiosken und manchen Bars verkauft werden. Die 800-Nummern, *Numero Verde*, gelten nur innerhalb Italiens und sind gebührenfrei.

Die Benutzung handelsüblicher **GSM-Mobiltelefone** ist in Italien möglich. Man sollte sich vor Reiseantritt über das günstigste Netz vor Ort informieren und das eigene Handy entsprechend programmieren.

Einkaufen

In der Regel sind die Geschäfte Mo–Sa 8.30/9–12.30/13 und 15.30/16–19/19.30 Uhr geöffnet. In Ferienorten haben viele Geschäfte längere Öffnungszeiten und verkaufen zudem oft zusätzlich an Sonn- und Feiertagen.

Souvenirs

Die Vielfalt des sardischen **Kunsthandwerks** ist groß und reicht von einfachen

Die Insel schmecken

Die traditionelle, bodenständige Fleischküche im Inselinneren bietet Gerichte wie **Porceddu** (Spanferkel), **Anzone** (Milchlamm) und **Caprittu** (Zicklein) sowie zur Jagdsaison Dezember bis Februar **Cinghiale** (Wildschwein). Bemerkenswert sind auch die Pilze in einer unglaublichen Vielfalt, bevorzugt **Funghi porcini** (Steinpilze).

Ein kulinarisches Gegengewicht dazu bieten die an der Küste angesiedelten Fisch- und Meeresfrüchte-Restaurants. Spezialitäten aus Cagliari sind **Anguille** (Babyaale), die kleinen Tintenfische **Pulpu** sowie **Monzette** (Meeresschnecken). Ebenfalls aus der sardischen Hauptstadt stammen die Fischsuppe **Zimiu**, die sich mit ihrer Vielzahl an Macchia-Kräutern vor keiner Bouillabaisse verstecken muss, und die **Gattuci** oder **Burrige** genannten Katzenhaie und Meerkatzen, die in einer Knoblauchsauce mit Rosinen und Nüssen eingelegt werden. Ganz im Norden, auf den Inseln des Maddalena-Archipels und bei Palau, stehen **Aragoste** (Langusten) auf der Speisekarte. Am Golf von Oristano werden die Eier der **Muggine** (Meeräsche) so kostbar wie Kaviar gehandelt und auf der Insel San Pietro wird **Tonno**, Thunfisch, sowohl gegrillt als auch mit frischen Kräutern gedämpft serviert.

Kein sardisches Essen ohne Brot. Es gibt wohl keine andere italienische Region mit einer solchen Vielfalt von Brotsorten. Zu allen Festen werden spezielle, meist sehr aufwendige Sorten gebacken. Besonders beliebt ist das hauchdünne Brot der Hirten, sardisch **Pan carasau**

Fisch, Fleisch oder Gemüse? Am besten, man kostet erst einmal von jedem etwas

was fast lautmalerisch an das Krachen erinnern könnte, wenn man es abbeisst. Mit Olivenöl und frischem Rosmarin aufgebacken, ist es allein schon eine Köstlichkeit. Es kann aber auch zu vollständigen Gerichten verarbeitet werden wie etwa **Pan frattau** (mit Brühe, Tomaten, gerösteten Zwiebeln, Pecorino und Spiegelei obenauf).

Womit wir beim **Pecorino** wären, dem sardischen Schafskäse. In allen Reifegraden (dolce sardo, fiore sardo etc.) ist er eine Köstlichkeit, ob am Stück gegessen oder über Speisen gerieben. Der Pecorino wird gerne vorweg als **Antipasto** zusammen mit Wurst und Schinken gereicht. Für den Pasta-Gang sind neben den italienweit üblichen Nudelgerichten besonders die kleinen sardischen Gnocchi aus Hartweizengrieß zu empfehlen, die man hier **Malloredus** nennt. **Culurgiones** sind kleine gefüllte Teigtaschen, die mit einer leichten Tomatensauce serviert werden.

Den arabischen Eroberern haben die Sarden ihre Vorliebe für Süßigkeiten zu verdanken, die oft vor Sirup oder Honig triefen. **Miel amaro** ist der beste sardische Honig, der leicht bitter schmeckt. Auch die Königin der sardischen Süßspeisen, **Seada**, erinnert an den Orient, frischer Pecorino in Teig schwimmend ausgebacken, mit dem bitteren Honig übergossen und heiß serviert.

Unter den kräftigen Grappe Sardiniens dürfte der bis zu 80-prozentige **Filu'e ferru** konkurrenzlos sein. Auch an Wasser mangelt es auf der quellen- und flussreichen Insel nicht. Man kann auf abgepacktes **Mineralwasser** zurückgreifen, aber auch unterwegs das gute Wasser direkt an den vielfach gefassten Quellen am Straßenrand trinken oder in eine Flasche abfüllen.

Auf sardische Art, also nah am Feuer geröstet, erhält Fleisch eine köstliche Kruste

Mitbringseln bis zu fein gearbeiteten, kostbaren Stücken. Eine umfassende Auswahl regionaltypischer Produkte bieten die ISOLA-Läden (Istituto Sardo Organizzazione Lavoro Artigiano), deren Adressen im Haupttext erwähnt sind. **Webarbeiten**, besonders Teppiche und Wandteppiche, werden vielfach noch heute in Heimarbeit nach alter Technik und mit herkömmlichen Mustern gefertigt, etwa in Aggius, Dorgali oder Sant'Antioco. Wunderschöne traditionelle, aber auch fantasievolle moderne **Keramik** kann man in Cagliari, Dorgali, Olbia, Oristano und Sassari erwerben. Handgearbeitete **Stickereien** und **Spitzen** wie Schals, Tischdecken und Servietten werden vornehmlich in Bosa, Oliena, Oristano und Teulada hergestellt. Auf **Silber-** und **Goldschmiedearbeiten**, die z. T. nach alten sardischen Schmuckstücken gefertigt werden, haben sich die Kunsthandwerker von Alghero (hier Filigranarbeiten mit Korallen) und Quartu Sant'Elena bei Cagliari spezialisiert. **Korbflechtarbeiten**, vielfach noch mit überlieferten geometrischen Mustern, bevorzugt man in den Werkstätten von Castelsardo. Auf **Holzschnitzereien** verstehen sich die Künstler von Cagliari und Sassari, kunstvolle Arbeiten aus **Schmiedeeisen** kommen beispielsweise aus Sassari. Die **Korkver-**

Liebhaber feiner Tropfen schätzen Sardiniens vorzügliche Cannonau-Weine

Sardiniens berühmteste Weine

1899 gegründet, ist **Sella e Mosca** (Juni–Sept. Führung tgl. 17.30 Uhr, sonst nach Voranmeldung: Tel. 0 79 99 77 00), etwa 9 km nördlich von Alghero, die größte und berühmteste Weinkellerei der Insel. Die Weine des Traditionsbetriebes werden im folgenden stellvertretend für all die köstlichen Rebsäfte Sardiniens vorgestellt.

Die **Weißweine** sind meist von strohgelber Farbe, z. B. **La Cala**, von intensivem Bukett, 11–11,5 % vol., jung zu trinken; der Alghero-DOC **Le Arenarie**, mit reichhaltigem Nachgeschmack von Feigen und Paprikaschoten (!), 12 % vol.; **Terre Bianche**, ebenfalls ein Alghero-DOC, mit goldenen Reflexen, frisch und dennoch elegant, am besten jung zu Fischgerichten zu trinken, 11,5 % vol.; der hervorragende trockene **Torbato Alghero** ist goldfarben mit grünlichen Reflexen und mundet etwas nach Meersalz, 11 % vol., jung zu trinken. Nicht zu vergessen ist der **Vermentino di Sardegna**, gelb mit grünlichen Reflexen und sommerlich-leichtem Geschmack, 11 % vol., fein zu Antipasti, Meeresfrüchten und Fischgerichten oder als Aperitivo.

Zu den **Rosé-Weinen** gehören **Oleandro**, ein Alghero-DOC mit violetten Reflexen, erst fruchtigem, dann delikatherbem Bukett und frischem Geschmack, 11,5–12 % vol.; **Rosé Alghero**, bernsteinfarbene Reflexe und weiniges Bukett, frisch und harmonisch im Geschmack, 11,5 % vol..

Die dunklen **Rotweine** passen in der Regel gut zu Braten, Wild und kräftigem Käse. Unter ihnen wären zu nennen **Cannonau di Sardegna**, mit ziegelroten Reflexen, nach Veilchen duftendem Bukett sowie trockenem, harmonisch abgehendem Geschmack, 12,5 % vol., nach dreijähriger Lagerung ein Riserva mit 13–13,5 % vol.; **Tanca Farra**, edel, schwer, vollmundig-reif, mit Granat-Reflexen und kräftigem Bukett, durch Lagerung im Eichenfass ausgewogen im Geschmack, 12,5 % vol.; **Rubicato Novello**, mit violetten Reflexen sowie weichem und doch fruchtigem Geschmack; 11,5 % vol., sollte jung getrunken werden; **I Piani**, gleichfalls mit Granat-Reflexen und harmonisch-trockenem Sangiovese-Bukett, 11–11,5 % vol., am besten bei 16 °C temperiert zu traditionellen sardischen Gerichten zu trinken.

Zu den **Perlweinen** gehören **Aliante**, von hellem Goldton mit vornehmem, aromatischem Bukett und nur feiner Perlung, frisch, fruchtig und leicht nach Mandeln schmeckend, 10,5–11 % vol., und **Torbato Spumante brut**, der König unter den Spumanti Sardiniens, strohgelb mit grünlichen Reflexen, fruchtig und leicht im Bukett mit anhaltender Perlung, sehr gut als Aperitivo und zu Fisch.

Eine Sonderstellung nimmt der Anghelu Ruju ein, ein dunkelroter **Likörwein** mit intensivem Bukett und einem Hauch von Früchten, Zimt und Walnuss, 18 % vol., ein sog. Dessert- und Meditationswein, der 5–10 Jahre in Eichenfässern reift.

arbeitung hat ihre Zentren in Calangiánus und Témpio Pausania, die der **Lederwaren** in Dorgali und Olbia. Hervorragende Möbel aus Eichen- oder Kastanienholz werden in Aritzo und Dorgali hergestellt.

Essen und Trinken

Sardiniens Küche genießt einen hervorragenden Ruf. Zwar muss man beim Restaurantbesuch oft tief in die Tasche greifen, wird aber nur selten enttäuscht.

Bunt gekleidete Folkloregruppen aus allen Teilen der Insel nehmen im Mai in Pula an der Sagra di Sant'Efisio teil

Eine sardische Besonderheit sind **Arrosti**, die Grillbraten. Das Fleisch wird nicht über dem Feuer gegrillt, sondern lediglich nahe an glühende Feuerstellen gerückt, um es langsam an der Glut zu garen – krossere Krusten und zarteres Fleisch schafft man nirgendwo!

Am 10. Januar 2005 wurde das Rauchverbot in Italien auf Bars, Restaurants und Diskotheken ausgeweitet, die nicht über separate Räumlichkeiten mit besonderer Lüftung verfügen. Die Missachtung des Rauchverbots kann mit Geldstrafen bis zu 275 € geahndet werden.

Feste und Feiern

Feiertage

1. Januar (*Capodanno*, Neujahr), 6. Januar (*Epifania*, Heilige Drei Könige), Ostersonntag (*Pasqua*) und Ostermontag (*Pasquetta*), 25. April (*Liberazione*, Fest der Befreiung von Faschismus und deutscher Besatzung 1945), 1. Mai (*Festa del Lavoro*, Tag der Arbeit), 2. Juni (*Festa della Repubblica*), 15. August (*Ferragosto*, Mariä Himmelfahrt), 1. November (*Ognissanti*, Allerheiligen), 8. Dezember (*Immacolata Concezione*, Mariä Empfängnis), 25./26. Dezember (*Natale*, Weihnachten).

Hinzu kommen die *Festtage der lokalen Schutzheiligen* und die *Sagre* genannten Volksfeste, die meist einem landwirtschaftlichen Produkt gewidmet sind. Sie sind eine gute Gelegenheit, sardische Folklore kennen zu lernen, vor allem traditionelle Tänze und alte Trachten.

Feste

Februar/März

Oristano: *Sa Sartiglia*, Karnevalsumzug mit maskierten ›spanischen‹ Reitern.

Mamoiada: *Carnevale Mamuthones*. Männer, die mit zotteligen Fellen und Masken bekleidet sind, werden mit Seilen eingefangen.

April

Cagliari (28.4.): *Sa Die de sa Sardinia*. Der ›Sardinien-Tag‹ wird zur Erinnerung an die Vertreibung der Piemonteser 1797 aus Cagliari begangen. Trachtengruppen aus ganz Sardinien nehmen teil.

Mai

Cagliari, Pula (1.–3.5.): *Sagra di Sant'Efisio*, Fest zu Ehren des Inselpatrons. Auf einem geschmückten Ochsenkarren wird die Statue des hl. Efisio aus dem Stampace-Viertel von Cagliari in einer langen Prozession an seine Hinrichtungsstätte in Pula gebracht, bei der die kleine Sant'Efisio-Kapelle errichtet wurde. Das dreitägige Fest endet mit einem Feuerwerk, am 4. Mai wird die Heiligenstatue nach Cagliari zurückgeführt.

Lula (1.–10.Mai): *Novena e Festa San Francesco*, Fest zu Ehren des Heiligen Franz von Assisi im Santuario San Francesco südlich von Lula. Im Wallfahrtsort herrscht die reinste Volksfeststimmung, rings um das Kloster kann man den beliebten *Torrone di Tonara*, Nugat aus dem Dorf Tonara, und andere Leckereien kaufen. Traditionell gekleidete Frauen tragen schwarze, bunt bestickte, mit langen Fransen geschmückte Tücher über Kopf und Schultern.

Ulassai (3. So): *Sagra di Santa Barbara*. Zum Patronats- und Hirtenfest gibt es Freimilch an der Landkirche.

Sassari (vorletzter oder letzter So): *Cavalcata Sarda*. Der Sardische Ritt, der früher zu Ehren durchreisender Fürsten begangen wurde, ist heute ein Touristenspektakel und dennoch wunderschön: Berittene Paare in historischen Trachten und Reiterwettbewerbe.

Juni

Santu Lussurgiu (meist erster So): *Fiera del Cavallo*. Pferdemarkt mit Volksfestcharakter.

Fonni (Mo nach dem ersten So): *Sagra della Madonna dei Martiri*. Zahlreiche Bewohner tragen an diesem Festtag traditionelle Trachten. Sie feiern mit Umzügen, Tänzen und Spielen.

August

Sassari (14. Aug.): *Festa dei Candelieri*, Leuchterprozession in prächtigen Trachten. Die hohen Holzkerzen der Zünfte (*Gremi*) werden aus den Kirchen getragen und den Festbesuchern präsentiert.

Nuoro (letztes Wochenende): *Sagra del Redentore*, Erlöserfest mit einer kilometerlangen prachtvollen Wallfahrt hinauf auf den Hausberg Monte Ortobene, wo zu Füßen der bronzenen Erlöserstatue eine feierliche Messe zelebriert wird.

September

Aritzo (erstes Wochenende): *Rodeo*, bei dem wilde Pferde beritten werden – länger als vier bis fünf Sekunden hat es noch keiner geschafft, oben zu bleiben! Ein lautes Volksfest im hübschen Bergstädtchen.

Cabras (erster So): *Corsa dei Scalzi*, Lauf der Barfüßigen. Zur Erinnerung an die tapferen Frauen des Dorfes, die 1506 eine Christusstatue vor einfallenden Piraten in Sicherheit brachten, wird die Statue aus der Pfarrkirche von Cabras in das Wallfahrtsdorf San Salvatore getragen.

Orosei: *Pellegrinaggio di Santuario Nostra Signora del Rimedio*. Den ganzen Monat über bitten Pilger aus allen Teilen der Baronia in der großen einschiffigen Wallfahrtskirche (1641) die Muttergottes um Beistand.

Oktober

Aritzo (letzte Woche): *Sagra della Castagna*, ein volkstümliches Kastanien- und Haselnussfest, das sich hauptsächlich um Essen und Trinken dreht.

Klima und Reisezeit

Die beste Reisezeit für die Erkundung der Insel, der landschaftlichen Schönheiten und kulturellen Sehenswürdigkeiten, sind Frühjahr und Herbst. Die meisten Urlauber kommen jedoch im Hochsommer, wenn das Thermometer auf 40 °C klettert und es für Besichtigungen zu heiß ist. Die Badesaison geht von Juni bis September. Auch der Winter kann warme, sonnige Tage bescheren, wenn es jedoch regnet, dann tut es das auf der Insel recht heftig. Schnee fällt nur auf den Gipfeln des fast 2000 m hohen Gennargentu.

Klimadaten Cagliari

Monat	Luft (°C) min./max.	Wasser (°C)	Sonnen-std./Tag	Regen-tage
Januar	7/14	14	5	7
Februar	7/15	13	5	7
März	9/17	14	6	6
April	10/20	15	8	5
Mai	14/23	17	9	5
Juni	18/28	20	10	2
Juli	20/31	23	11	1
August	20/31	24	10	1
September	19/28	23	8	3
Oktober	15/24	21	7	6
November	12/19	18	5	7
Dezember	8/15	15	4	8

Kultur live

Kulturelles Highlight auf Sardinien ist die regelmäßig im Dezember stattfindende **Konzertsaison von Cagliari**, die mit einem großen Programm klassischer Musik aufwartet. Doch auch in den Provinzhauptstädten Sassari, Oristano und Nuoro legt man Wert auf ein gutes Konzertprogramm – Interessenten sollten auf die Plakatanschläge achten bzw. sich bei den Tourismusbüros informieren.

Museen und Kirchen

Museen

Die Öffnungszeiten der Museen sind uneinheitlich. Detaillierte Angaben finden sich im Haupttext, diese sind aber häufig Veränderungen unterworfen. Im Allgemeinen kann man davon ausgehen, dass die Museen Di–So 9–13 Uhr geöffnet sind.

Kirchen

In den Mittagsstunden (12/13–15/16 Uhr) sind Gotteshäuser zumeist geschlossen. Bei kleineren Kirchen in abgelegenen Orten steht man häufig auch zu anderen Zeiten vor verschlossenen Türen, doch findet sich meist jemand, der behilflich ist. Während der Messe sollten Kirchen nicht besichtigt werden.

Sport

Golf

Sardinien bietet neben vier prämierten 18-Loch-Golfplätzen vom Feinsten (Is Molas, Punta Sabbatino, Pineta Is Arenas, Cala di Volpe) einige weitere Plätze. *Infos*:

Federazione Italiana Golf, Viale Tiziano 74, 00196 Rom, Tel 0 63 23 18 25, Fax 0 63 22 02 50, www.federgolf.it

Radsport

Radfahren ist auf der gebirgigen Insel nur bei bester körperlicher Kondition und außerhalb der heißen Jahreszeit zu empfehlen. Kostenlos bei ESIT [s. S. 126] erhältlich ist das Faltblatt ›Sonne, Salz, Steigung – Kleiner Mountainbikeführer von Sardinien‹ mit Tourenvorschlägen.

Reitsport

Einige Hotels, vor allem in den Bergen, bieten organisierte Reitausflüge an, etwa *Hotel Sa Muvara* (Tel. 07 84 62 93 36) in Aritzo, der Gegend der wilden Pferde, oder *Hotel Su Gologone* (Tel. 07 84 28 75 12) bei Oliena. *Infos*:

Associazione Nazionale Turismo Equestre, Via Carso 35/a, Sassari, Tel. 0 79 29 98 89

Wandern

Die schönsten Wandergebiete liegen im Bergmassiv des *Gennargentu* sowie in der gesamten Barbágia. Kostenlos bei ESIT [s. S. 126] erhältlich ist das Faltblatt ›Stein des Mondes – Kleiner Kletterführer von Sardinien‹, das auch Routenvorschläge enthält.Viele Hotels bieten Touren an. *Ferner*:

Cooperativa Turistica Enis, Località Monte Maccione, 4 km östlich von Oliena, Tel. 07 84 28 83 63, Fax 07 84 28 84 73, www.coopenis.it. Die Kooperative offeriert neben Freeclimbing-Touren Wanderungen für Gruppen mit mind. acht Personen.

Genug gestrampelt? Am Lago Alto di Fiumendosa kann man sich erholen

Wassersport

Schwimmen, Surfen, Segeln und Tauchen sind die beliebtesten Wassersportarten an Sardiniens Küsten.

Die stärksten, manchmal nicht ganz ungefährlichen Winde finden **Surfer** im Norden, vor allem zwischen Sardinien und Korsika. Westlich und östlich davon gibt es auch ruhigere Gefilde. Besonders bei Anfängern beliebt sind die Surfreviere im Süden der Insel sowie an der Sinis-Halbinsel im Westen. Fast überall kann man Sufbretter ausleihen und in Schulen diesen Sport erlernen. Das gleiche gilt auch für das **Segeln**. Wer kein eigenes Boot hat, kann eines chartern, allerdings sind die Preise in der Regel sehr hoch. ADAC-Mitglieder sollten sich vor Ort nach günstigen Konditionen erkundigen. Ansonsten erteilt die **ADAC-Sportschifffahrt** ausführliche wassertouristische Informationen unter Tel. 089/7 67 60, Fax 089/7 60 75 72 26 13, www.adac.de/sportschifffahrt.

Taucher schätzen die sauberen und klaren Gewässer Sardiniens mit ihrer vielfältigen Unterwasserwelt. Tauchgründe gibt es sowohl an der Südküste am Golfo di Cagliari, am Capo Spartivento und bei Villasismus, als auch an der gesamten Nordküste, vor allem bei Santa Teresa di Gallura und im Bereich des Archipelago della Maddalena, an der Westküste um Alghero und die Isola di San Pietro sowie an der Ostküste an der Costa Smeralda, bei Olbia um die Isola Tavolara und bei Orosei an der Costa degli Oleandri. Die meisten Tauchbasen bieten neben Unterwasserexkursionen Tauchkurse an und verleihen Ausrüstung. Infos jeweils unter ›Praktische Hinweise‹.

Statistik

Lage: Sardinien (ital. *Sardegna*, sardisch *Sardinia*) liegt vor der italienischen Westküste, südlich der französischen Insel Korsika, von der sie durch die 12 km breite Wasserstraße von Bonifacio getrennt ist.

Fläche: Nach Sizilien ist Sardinien die zweitgrößte Insel Italiens und des gesamten Mittelmeeres. Mitsamt den vorgelagerten Eilanden, im Norden der Archipel von La Maddalena und Asinara, im Südwesten Sant'Antioco mit San Pietro, nimmt sie eine Fläche von 24 089 km^2 ein. Sardinien besitzt durch die zahlreichen Buchten und Inseln eine rund 1800 km lange Küstenlinie und ist bis zu 280 km lang bzw. bis zu 145 km breit.

Bevölkerung: 1,65 Mio. (68 je km^2)

Verwaltung: Sardinien besitzt als italienische Region weitgehende Autonomie und ist in acht Provinzen eingeteilt: Cagliari, Carbonia-Iglesias, Medio-Campidano, Ogliastra, Oristano, Nuoro, Sassari und Olbia-Tempio.

Hauptstadt: Cagliari (rd. 165 000 Einw.)

Wirtschaft: Sardinien hat eines der niedrigsten Pro-Kopf-Einkommen Italiens, die Arbeitslosigkeit ist hoch. Bis in die 60er-Jahre des 20. Jh. lebte etwa die Hälfte der Bevölkerung von der Landwirtschaft, heute arbeiten nur noch 15 % der Beschäftigten in diesem Bereich. Neben Obst- und Gemüseanbau sowie der Weinproduktion ist hier vor allem die Weidewirtschaft zu nennen, die Ziegen-, Rinder-, und besonders die Schafzucht. Gut 3 Mio. Schafe gibt es auf Sardinien. Die Produktion und der Export des sardischen Pecorino (Schafskäse) gehört zu den wichtigsten wirtschaftlichen Standbeinen. Das wichtigste Exportgut ist jedoch der Kork. Sardinien verfügt in der Gallura über die ausgedehntesten Korkeichenwälder Italiens. Im Tourismus sind in den letzten Jahrzehnten viele Arbeitsplätze entstanden, besonders in Hotels und Restaurants, doch ist die Saison kurz, sodass viele Sarden gezwungen sind, sich für das restliche Jahr Arbeit auf dem italienischen Festland zu suchen.

Unterkunft

Agriturismo

Das italienische Pendant zu ›Urlaub auf dem Bauernhof‹ erfreut sich großen Zuspruchs. Wer auf der Suche nach Landleben und Natur ist, kann sich bei einer Bauernfamilie einquartieren. *Infos*:

Consorzio Agriturismo di Sardegna, Tel./Fax 07 83 41 16 60, www.agriturismodisardegna.it

Bed & Breakfast

Preiswertere Unterkünfte, die Übernachtung plus Früstück bieten, gibt es ebenfalls auf Sardinien. *Infos:*

Associazione Sarda Operatori Bed & Breakfast, Oliena, Tel. 07 84 28 56 40, Fax 07 84 28 63 24, www.insardegnabb.it

Camping

Die sardische Küste verfügt über ein gut ausgebautes Netz von Campingplätzen verschiedener Kategorien. Eine Beschreibung geprüfter Campingplätze bieten die jährlich erscheinenden **ADAC Camping Caravaning Führer, Band Südeuropa**, der (auch als CD-Rom) und **ADAC Bungalow Mobilheim Führer**, die im Buchhandel oder bei den ADAC-Geschäftsstellen erhältlich sind (www.adac.de/campingfuehrer).

Ferienhäuser und -wohnungen

In ganz Sardinien werden wochenweise Ferienhäuser und -wohnungen vermietet. Sie sind komplett eingerichtet, Bettwäsche und Handtücher müssen häufig, jedoch nicht immer, mitgebracht werden. Infos bei ENIT und ESIT [s. S. 125 f.].

Hotels

Hotels werden mit einem relativ variablen Bewertungssystem von * (sehr bescheiden) bis *****L (luxuriös) klassifiziert. Die Höchstpreise müssen in den Zimmern ausgehängt sein. Sardinien dürfte eines der teuersten Urlaubsgebiete des Mittelmeerraumes sein.

In **5-Sterne-Hotels** kostet ein Doppelzimmer mit Frühstück für zwei Personen ab ca. 400 €. Ein **4-Sterne-Hotel** verlangt dafür ab ca. 130 €, ein **3-Sterne-Hotel** um 90 €, ein **2-Sterne-Hotel** und eine Pension ab ca. 40 €.

In der Hauptreisezeit zu Pfingsten und im Juli/August ist Vorbuchung dringend zu empfehlen. Im Inselinneren ist es aber auch zu Ostern und im Herbst zur Wild- und Kastanien-Saison schwierig, ohne Reservierung ein Zimmer zu bekommen. Empfehlungen bieten die Praktischen Hinweise bei den jeweiligen Orten. In der jährlich aktualisierten Broschüre ›Annuario Hotels & Campings‹, erhältlich bei ESIT und den örtlichen Tourismusbüros, sind außer den offiziell registrierten Hotels auch zahlreiche Campingplätze aufgeführt und nach Ausstattung kategorisiert.

Verkehrsmittel im Land

Bahn

Sardinien ist ein Traumland für Schmalspurbahn-Fans. Sie müssen allerdings genügend Zeit mitbringen, denn das

Eine Fahrt mit der Schmalspurbahn von Cagliari nach Arbatax ist ein Erlebnis

Schienennetz ist alt und lässt keine hohen Geschwindigkeiten zu. Insgesamt sind drei – nicht miteinander verbundene – Schmalspurstrecken der *Ferrovie della Sardegna* (FdS) in Betrieb: Palau – Alghero (185 km), Nuoro – Bosa/Tresnuraghes (138 km), Cagliari – Arbatax (229 km, mit Abzweigung nach Sórgono 166 km). Die Bahnen dienten einst dem Bergbau und der Holzwirtschaft, heute verkehren sie zu touristischen Zwecken. Die schönste Strecke führt von Arbatax an der Ostküste durch die wilde Barbágia di Seùlo nach Seui im Inselinneren (ca. 3 Std.). Die Fahrpreise sind vergleichsweise günstig.

Während der Saison befährt der Nostalgiezug **Trenino Verde** mit Wagen von 1913 die landschaftlich schönen Strecken im Inselinneren, im Sommer wegen der Brandgefahr jedoch ohne die historische Dampflok von 1894. 1919 soll eine Fahrt mit dieser Bahn den englischen Schriftsteller D. H. Lawrence zu seinem Buch ›Das Meer und Sardinien‹ inspiriert haben. *Infos:*

Ferrovie della Sardegna (FdS), Cagliari, Tel. 0 70 58 00 78, Fax 0 70 34 51 69, www.ferroviesardegna.it

Trenino Verde, Tel. 0 70 57 93 03 46, Fax 07 04 70 57 81 63, www.treninoverde.com

Auch Normalspuren der italienischen Staatsbahn *Ferrovie dello Stato* (FS) existieren auf Sardinien: Olbia/Golfo Aranci – Porto Tórres, Sassari – Cagliari sowie Cagliari – Carbonia – Iglesias. Am schnellsten ist die Direktverbindung Cagliari – Olbia. *Infos:*

Stazione FS, Piazza Matteotti, Cagliari, Tel. 0 70 49 13 04,

Ferrovie dello Stato (FS), Tel. 89 20 21 (nur in Italien, gebührenfrei), www.trenitalia.com.

Interrail-Tickets gelten nur auf Normalspur-Strecken.

Bus

Sardinien verfügt über ein dichtes Autobusnetz, das auch den kleinsten Ort erreicht. Die staatlichen und privaten Busunternehmen decken unterschiedliche Regionen ab. Fahrkarten gibt es in Kiosken, in Bars oder gegen Aufpreis in den mit einem gelben Aufkleber gekennzeichneten Bussen. An einer Haltestelle mit dem Hinweis *Fermata a richiesta* hält der Bus nur auf Handzeichen. Der Linienverkehr fährt normalerweise bis 24 Uhr, es gibt nur wenige Nachtbusse, und mittags sowie So/Fei mit Einschränkungen.

Flug

Innersardische Flüge werden mehrmals täglich zwischen Olbia und Cagliari angeboten. Eine gute Anbindung besteht auch ab bzw. bis Cagliari und Olbia nach bzw. von Alghero und Tórtoli. Die Preise liegen unter dem mitteleuropäischen Standard.

Mietwagen

In allen größeren Städten und Orten kann man Autos mieten. Neben vielen lokalen Anbietern sind alle internationalen Autovermieter auf der Insel vertreten. Für Mitglieder bietet die **ADAC Autovermietung GmbH** günstige Konditionen. Buchungen können erfolgen über die jeweiligen ADAC-Geschäftsstellen oder unter Tel. 018 05/31 81 81 (0,12 €/Min.).

Motor- und Fahrräder

In allen Ferienorten werden Mopeds, Roller, größere Motorräder und auch Fahrräder vermietet. Die Preise sind während der Hauptsaison relativ hoch.

Taxi

Taxistände gibt es in den größeren Städten an Busbahnhöfen, Häfen oder Bahnstationen und in den Touristenzentren. Für die wichtigsten Strecken findet man an den Taxiständen Preisangaben, ansonsten sollte man, trotz Taxameter, vorher den Preis aushandeln. Nachtfahrten müssen meistens vorbestellt werden, da z. B. in Cagliari die Zentrale nachts von 2 bis 5.30 Uhr geschlossen ist.

Sprachführer

Italienisch für die Reise

Das Wichtigste in Kürze

Ja/Nein	*Si/No*
Bitte/Danke	*Per favore/Grazie*
In Ordnung./ Einverstanden.	*Va bene./ D'accordo.*
Entschuldigung!	*Scusi!*
Wie bitte?	*Come dice?*
Ich verstehe Sie nicht.	*Non La capisco.*
Ich spreche nur wenig Italienisch.	*Parlo solo un po' d'italiano.*
Können Sie mir bitte helfen?	*Mi può aiutare, per favore?*
Das gefällt mir (nicht).	*(Non) Mi piace.*
Ich möchte …	*Vorrei …*
Haben Sie …?	*Ha …?*
Wie viel kostet …?/	*Quanto costa …?*
Kann ich mit Kreditkarte bezahlen?	*Posso pagare con la carta di credito?*
Wie viel Uhr ist es?	*Che ore sono?/ Che ora è?*
Guten Morgen!/ Guten Tag!	*Buon giorno!*
Guten Abend!	*Buona sera!*
Gute Nacht!	*Buona notte!*
Hallo!/Grüß dich!	*Ciao!*
Wie ist Ihr Name, bitte?	*Come si chiama, per favore?*
Mein Name ist …	*Mi chiamo …*
Ich bin Deutsche(r)	*Sono tedesco(-a)*
Ich komme aus Deutschland.	*Sono della Germania.*
Wie geht es Ihnen?	*Come sta?*
Auf Wiedersehen!	*Arrivederci!*
Tschüs!	*Ciao!*
Bis bald!	*A presto!*
Bis morgen!	*A domani!*
gestern/heute/ morgen	*ieri/oggi/ domani*
am Vormittag/ am Nachmittag	*la mattina/ al pomeriggio*
am Abend/in der Nacht	*la sera/la notte*
um 1 Uhr/um 2 Uhr …	*all' una/alle due …*
um Viertel vor (nach) ...	*alle ... meno un quarto (e un quarto)*
um ... Uhr 30	*alle ... e trenta*
Minute(n)/Stunde(n)	*minuto(-i)/ora(-e)*
Tag(e)/Woche(n)	*giorno(-i)/settimana(-e)*
Monat(e)/Jahr(e)	*mese(-i)/anno(-i)*

Zahlen

0	*zero*	19	*diciannove*
1	*uno*	20	*venti*
2	*due*	21	*ventuno*
3	*tre*	22	*ventidue*
4	*quattro*	30	*trenta*
5	*cinque*	40	*quaranta*
6	*sei*	50	*cinquanta*
7	*sette*	60	*sessanta*
8	*otto*	70	*settanta*
9	*nove*	80	*ottanta*
10	*dieci*	90	*novanta*
11	*undici*	100	*cento*
12	*dodici*	200	*duecento*
13	*tredici*	1000	*mille*
14	*quattordici*	2000	*duemila*
15	*quindici*	10 000	*diecimila*
16	*sedici*	1 000 000	*un millione*
17	*diciassette*	1/2	*mezzo*
18	*diciotto*	1/4	*un quarto*

Wochentage

Montag	*lunedì*
Dienstag	*martedì*
Mittwoch	*mercoledì*
Donnerstag	*giovedì*
Freitag	*venerdì*
Samstag	*sabato*
Sonntag	*domenica*

Monate

Januar	*gennaio*
Februar	*febbraio*
März	*marzo*
April	*aprile*
Mai	*maggio*
Juni	*giugno*
Juli	*luglio*
August	*agosto*
September	*settembre*
Oktober	*ottobre*
November	*novembre*
Dezember	*dicembre*

Maße

Kilometer	*chilometro(-i)*
Meter	*metro(-i)*
Zentimeter	*centimetro(-i)*
Kilogramm	*chilo(-i)*
Pfund	*mezzo chilo*
100 Gramm	*etto(-i)*
Liter	*litro(-i)*

Unterwegs

Nord/Süd/West/Ost	*nord/sud/ovest/est*
oben/unten	*sopra/sotto*
geöffnet/geschlossen	*aperto/chiuso*
geradeaus/links/ rechts/zurück	*diritto/sinistra/ destra/indietro*
nah/weit	*vicino/lontano*
Wie weit ist …?	*A che distanza si trova...?*
Wo sind die Toiletten?	*Dove sono le toilette?*
Wo ist die (der) nächste …	*Dove si trova nelle vicinanze …*
Telefonzelle/	*una cabina telefonica/*
Bank/	*una banca/*
Geldautomat/	*un bancomat/*
Post/	*la posta/*
Polizei?	*la polizia?*
Bitte, wo ist …	*Scusi, dov'è …*
der Hauptbahnhof/	*la stazione centrale/*
der Busbahnhof/	*la stazione autolinee/*
die U-Bahn/	*la stazione del metro/*
der Flughafen?	*l'aeroporto?*
Wo finde ich …	*Dove si trova …*
eine Bäckerei/	*un panificio/*
Fotoartikel/	*gli articoli fotografici*
ein Kaufhaus/	*un grande magazzino/*
ein Lebensmittel-geschäft/	*un negozio di alimentari/*
den Markt?	*il mercato?*
Ist das der Weg/ die Straße nach …?	*È questa la strada per ….?*
Ich möchte mit …	*Vorrei andare …*
dem Zug/	*col treno/*
dem Schiff/	*colla nave/*
der Fähre/	*col traghetto/*
dem Flugzeug	*col aereo*
nach … fahren.	*a …*
Gilt dieser Preis für Hin- und Rückfahrt?	*È la tariffa di andata e ritorno?*
Wie lange gilt das Ticket?	*Fino a quando è valido il biglietto?*
Wo ist das Fremden-verkehrsamt/	*Dov'è l'Ufficio per il turismo/*
ein Reisebüro?	*un'agenzia viaggi?*
Ich suche eine Hotelunterkunft.	*Cerco un albergo.*
Wo kann ich mein Gepäck lassen?	*Dove posso deposi-tare i miei bagagli?*
Ich habe meinen Koffer verloren.	*Ho perso la mia valigia.*
Ich möchte eine Anzeige erstatten.	*Vorrei fare una denuncia.*
Man hat mir …	*Mi hanno rubato …*
Geld/die Tasche/	*i soldi/la borsa/*
die Papiere/	*i documenti/*
die Schlüssel/	*le chiavi/*
den Fotoapparat/	*la macchina foto-*
den Koffer/	*grafica/la valigia/*
das Fahrrad gestohlen.	*la bicicletta.*

Freizeit

Ich möchte ein …	*Vorrei noleggiare …*
Fahrrad/	*una bicicletta/*
Motorrad/	*un moto/*
Surfbrett/	*una tavola da surf/*
Mountainbike/	*un mountain bike/*
Boot/	*una barca/*
Pferd mieten.	*un cavallo.*
Gibt es in der Nähe ein(en) …	*Dove si trova nelle vicinanze …*
Freizeitpark/	*un parco di divertimento/*
Freibad/	*una piscina pubblica/*
Golfplatz/	*un campo di golf/*
Strand?	*una spiaggia?*
Wann hat … geöffnet?	*Quando è aperto (aperta) …?*

Bank, Post, Telefon

Brauchen Sie meinen Ausweis?	*Vuole vedere i miei documenti?*
Wo soll ich unterschreiben?	*Dove debbo firmare?*
Ich möchte eine Telefon-verbindung nach …	*Vorrei un colle-gamento telefonico con …*
Wie lautet die Vorwahl für …?	*Qual è il prefisso per …?*
Wo gibt es …	*Dove trovo …*
Telefonkarten/	*le schede telefoniche/*
Briefmarken?	*i francobolli?*

Tankstelle

Wo ist die nächste Tankstelle?	*Dov'è la stazione di servizio più vicina?*

Hinweise zur Aussprache

c, cc	vor ›e‹ und ›i‹ wie ›tsch‹, Bsp.: **ci**ao; sonst wie ›k‹, Bsp.: **co**me
ch, cch	wie ›k‹, Bsp.: **che**, **chi**lo
g, gg	vor ›e‹ und ›i‹ wie ›dsch‹, Bsp.: **ge**nte; sonst wie ›g‹, Bsp.: **go**la
gli	wie ›Li**li**e‹, Bsp.: fi**gli**o
gn	wie ›Co**gn**ac‹, Bsp.: ba**gn**o
sc	vor ›e‹ und ›i‹ wie ›sch‹, Bsp.: **sci**opero; sonst wie ›sk‹, Bsp.: **sc**ala
sch	wie ›sk‹, Bsp.: I**sch**ia
sci	vor ›a,o,u‹ wie ›sch‹, Bsp.: la**scia**re
z	wie ›ds‹, Bsp.: **zu**ppa

Ich möchte ... Liter ... Benzin/Super/ Diesel.	*Vorrei ... litri ... di benzina/super/ diesel.*
Volltanken, bitte.	*Faccia il pieno, per favore.*
Bitte prüfen Sie ...	*Verifichi per favore ...*
den Reifendruck/	*la pressione delle ruote/*
den Ölstand/	*il livello dell'olio/*
den Wasserstand/	*il livello dell'acqua/*
das Wasser für die Scheibenwischanlage/	*l'acqua per il tergicristallo/*
die Batterie.	*la batteria.*
Würden Sie bitte ...	*Per favore, mi può ...*
den Ölwechsel vornehmen/	*cambiare l'olio/*
den Radwechsel vornehmen/	*cambiare la ruota/*
die Sicherung austauschen/	*sostituire il fusibile/*
die Zündkerzen erneuern/	*sostituire le candele/*
die Zündung nachstellen.	*regolare l'accensione.*

Panne

Ich habe eine Panne.	*Ho un guasto.*
Der Motor startet nicht.	*La macchina non parte.*
Ich habe die Schlüssel im Wagen gelassen.	*Ho le chiavi in macchina.*
Ich habe kein Benzin/ Diesel.	*Non ho più benzina/ diesel.*
Gibt es hier in der Nähe eine Werkstatt?	*C'è un'officina qui vicino?*
Können Sie mein Auto abschleppen?	*Può effettuare il traino?*
Können Sie mir einen Abschleppwagen schicken?	*Mi potrebbe mandare un carro attrezzi?*
Können Sie den Wagen reparieren?	*Può riparare la mia macchina?*
Bis wann?	*Quando sarà pronta?*

Mietwagen

Ich möchte ein Auto mieten.	*Vorrei noleggiare una macchina.*
Was kostet die Miete ...	*Quanto costa il noleggio ...*
pro Tag/	*al giorno/*
pro Woche/	*alla settimana/*
mit unbegrenzter km-Zahl/	*senza limite chilometraggio/*
mit Kaskoversicherung/	*con assicurazione ›kasko‹/*
mit Kaution?	*con cauzione?*
Wo kann ich den Wagen zurückgeben?	*Dove posso restituire la macchina?*

Unfall

Hilfe!	*Aiuto!*
Achtung!/Vorsicht!	*Attenzione!*
Rufen Sie bitte schnell ...	*Per favore, chiami subito ...*
einen Krankenwagen/	*un'ambulanza/*
die Polizei/	*la polizia/*
die Feuerwehr.	*i vigili del fuoco.*
Es war (nicht) meine Schuld.	*(Non) È stata colpa mia.*
Geben Sie mir bitte Ihren Namen und Ihre Adresse.	*Mi dia il suo nome ed indirizzo, per favore.*
Ich brauche die Angaben zu Ihrer Autoversicherung.	*Mi dia i particolari della sua assicurazione auto.*

Krankheit

Können Sie mir einen guten Deutsch sprechenden Arzt/ Zahnarzt empfehlen?	*Mi può consigliare un bravo medico/ dentista che parla il tedesco?*
Wann hat er Sprechstunde?	*Qual è l'orario delle visite?*
Wo ist die nächste Apotheke?	*Dove si trova la farmacia più vicina?*
Ich brauche ein Mittel gegen ...	*Vorrei qualcosa contro ...*
Durchfall/	*la diarrea/*
Halsschmerzen/	*mal di gola/*
Fieber/	*la febbre/*
Insektenstiche/	*le punture d'insetti/*
Kopfschmerzen	*mal di testa*
Verstopfung/	*la costipazione/*
Zahnschmerzen	*mal di denti.*

Hotel

Können Sie mir bitte ein Hotel/eine Pension empfehlen?	*Potrebbe consigliarmi un albergo/ una pensione, per favore?*
Ich habe bei Ihnen ein Zimmer reserviert.	*Ho prenotato una camera.*
Haben Sie	*Ha una camera*
ein Einzel-/	*singola/*
Doppelzimmer ...	*doppia ...*
mit Dusche/	*con doccia/*
mit Bad/WC/	*con bagno/toilette/*
für eine Nacht/	*per una notte/*
für eine Woche/	*per una settimana/*
mit Blick aufs Meer?	*con vista sul mare?*
Was kostet das Zimmer ...	*Quanto costa una camera ...*
mit Frühstück/	*con prima colazione/*

mit Halbpension/ mit Vollpension?	*con mezza pensione/ con pensione completa?*
Wie lange gibt es Frühstück?	*Fino a che ora viene servita la colazione?*
Ich möchte um … Uhr geweckt werden.	*Vorrei essere svegliato alle ore ...*
Ich reise heute Abend/ morgen früh ab.	*Vorrei partire questa sera/ domani mattina.*
Haben Sie ein Fax/ einen Hotelsafe?	*Ha un fax/una cassetta di sicurezza?*
Kann ich mit Kreditkarte zahlen?	*Posso pagare con la carta di credito?*

Restaurant

Ich suche ein gutes/günstiges Restaurant.	*Cerco un buon ristorante/ un ristorante non troppo caro.*
Die Speisekarte/ Getränkekarte, bitte.	*Vorrei la carta/ la lista delle bevande, per favore.*
Welches Gericht können Sie besonders empfehlen?	*Quale piatto mi può consigliare?*
Ich möchte das Tagesgericht/ das Menü (zu …).	*Vorrei il piatto del giorno/ il menù (da …).*
Ich möchte nur eine Kleinigkeit essen.	*Vorrei uno spuntino.*
Haben Sie … vegetarische Gerichte/ offenen Wein/ alkoholfreie Getränke?	*Ha dei … piatti vegetariani/ vini della casa/ analcolici?*
Kann ich bitte … ein Messer/ eine Gabel/ einen Löffel haben?	*Vorrei avere … un coltello/ una forchetta/ un cucchiaio.*
Darf man rauchen?	*Si può fumare?*
Die Rechnung/ Bezahlen bitte!	*Vorrei il conto, per favore!*

Essen und Trinken

Abendessen	*cena*
Apfel	*mela*
Artischoken	*carciofi*
Auberginen	*melanzane*
Bier	*birra*
Brot/Brötchen	*pane/panino*
Butter	*burro*
Ei	*uovo*
Ente	*anitra*
Erdbeeren	*fragole*
Espresso (mit Milch)	*caffè (macchiato)*
Essig	*aceto*
Feigen	*fichi*
Fisch	*pesce*
Flasche	*bottiglia*
Fleisch	*carne*
Fruchtsaft	*succo di frutta*
Frühstück	*prima colazione*
gegrillt	*ai ferri/alla griglia*
Gemüse	*verdura*
Glas	*bicchiere*
Huhn	*pollo*
Kalbfleisch	*vitello*
Kalbshaxenscheibe	*ossobuco*
Kaninchen	*coniglio*
Kartoffeln	*patate*
Käse	*formaggio*
Knoblauch	*aglio*
Kotlett	*costoletta*
Krabben	*gamberetti*
Lamm	*agnello*
Languste	*aragosta*
Maisgericht	*polenta*
Meeresfrüchte	*frutti di mare*
Miesmuscheln	*cozze*
Milch mit einem Schuss Espresso	*latte macchiato*
Milchkaffee	*caffellatte*
Mineralwasser (mit/ ohne Kohlensäure)	*acqua minerale (con/senza gas)*
Mittagessen	*pranzo*
Nachspeise	*dolce*
Obst	*frutta*
Öl	*olio*
Orange	*arancia*
Parmesankäse	*parmigiano*
Pfeffer	*pepe*
Pfirsich	*pesca*
Pilze	*funghi*
Reisbällchen, gefüllt	*arancine*
Rindfleisch	*carne di manzo*
Salat	*insalata*
Salz	*sale*
Schafskäse	*ricotta*
Schinken	*prosciutto*
Schweinefleisch	*maiale*
Spinat	*spinaci*
Steak	*bistecca*
Suppe	*minestra/zuppa*
Tee	*té*
Thunfisch	*tonno*
Tintenfische	*polpetti*
Tomaten	*pomodori*
Venusmuscheln	*vongole*
Vorspeisen	*antipasti*
Wein, Weiß-/ Rot-/ Rosé-Wein	*vino bianco/ rosso/ rosato*
Weintrauben	*uva*
Zucker	*zucchero*
Zwiebeln	*cipolle*

Register

Bildnachweis

Umschlag-Vorderseite: Das burgbekrönte Castelsardo an Sardiniens Nordküste
Foto: Herbert Hartmann, München

Titelseite
Oben: Spuren der Römer in Nora (Wh. von S. 31)
Mitte: Küste der Isola della Maddalena (Wh. von S. 94)
Unten: Porto Cervo an der Costa Smeralda (Wh. von S. 100)

Gottfried Aigner, München: 10 Mitte und unten, 12 oben, 14, 21 unten, 26, 32, 33, 34, 35 oben, 38, 46, 47, 50 unten, 52, 55, 58 (2), 59, 74, 77 unten, 79 oben, 80 (2), 83, 84 oben, 85, 88, 93 oben, 101 unten, 102 oben, 108, 110 oben, 112, 115 oben, 119 unten, 120, 123 (1), 124 unten, 129 (2), 130 – *Herbert Hartmann, München:* 21 oben, 23 oben, 29, 39 unten, 70, 94 unten, 135 – *Bildagentur Huber, Garmisch-Partenkirchen:* 7 unten, 98/99 (Ripani), 94 oben (Simeone) – *IFA-Bilderteam, München:* 11 oben (Hunter), 42, 71, 91 oben (Hahn), 52 unten (Aigner), 91 unten (Eichler) – *Ladislav Janicek, München:* 7 oben, 23 unten, 25 oben, 27, 41, 49, 57 oben, 63 oben, 64 unten, 67, 75, 82, 97, 105, 122 – *laif, Köln:* 8 oben und unten, 45 unten, 77 oben, 78 unten, 79 unten, 109, 117 oben (Specht), 9 unten, 60 (Celentano), 11 unten (Caputo), 95 oben (Piepenburg) – *LOOK, München:* 25 unten (Galli), 119 oben, 133 (Greune) – *Hubert Stadler, Fürstenfeldbruck:* 12 unten, 19 (2), 24, 54 oben, 63 unten, 65, 87, 90, 95 unten, 96, 124 oben – *Ullstein Bilderdienst, Berlin:* 13, 15 (2), 110 unten – *Thomas P. Widmann, Regensburg:* 6, 8 Mitte, 9 oben, 10 oben, 16/17, 22, 30, 31 unten, 35 unten, 36, 37, 39 oben, 45 oben, 50 oben, 51, 53, 54, 56, 57 unten, 64 oben, 66, 68, 69, 72, 73, 78 oben, 81, 84 unten, 86, 89, 92, 93 unten, 100, 101 oben, 102 unten, 103, 106, 107, 111, 113, 115 unten, 117 unten, 121, 124 Mitte rechts und links, 131

In der ADAC-Reiseführer-Reihe sind erschienen:

Ägypten
Algarve
Allgäu
Amsterdam
Andalusien
Australien
Bali und Lombok
Barcelona
Berlin
Bodensee
Brandenburg
Brasilien
Bretagne
Budapest
Bulgarische Schwarzmeerküste
Burgund
Costa Brava und Costa Daurada
Côte d'Azur
Dalmatien
Dänemark
Deutschland, City Guide
Dominikanische Republik
Dresden
Dubai, Vereinigte Arabische Emirate, Oman
Elsass
Emilia Romagna
Florenz
Florida
Französische Atlantikküste
Fuerteventura
Gardasee
Germany, City Guide
Golf von Neapel
Gran Canaria
Hamburg
Hongkong und Macau
Ibiza und Formentera
Irland
Israel
Istrien und Kvarner Golf
Italienische Adria
Italienische Riviera
Jamaika
Kalifornien
Kanada – Der Osten
Kanada – Der Westen
Karibik
Kenia
Kreta
Kuba
Kykladen
Lanzarote
London
Madeira
Mallorca
Malta
Marokko
Mauritius und Rodrigues
Mecklenburg-Vorpommern
Mexiko
München
Neuengland
Neuseeland
New York
Niederlande
Norwegen
Oberbayern
Österreich
Paris
Peloponnes
Piemont, Lombardei, Valle d'Aosta
Polen
Portugal
Prag
Provence
Rhodos
Rom
Rügen, Hiddensee, Stralsund
Salzburg
Sardinien
Schleswig-Holstein
Schottland
Schwarzwald
Schweden
Schweiz
Sizilien
Spanien
St. Petersburg
Südafrika
Südengland
Südtirol
Sylt
Teneriffa
Tessin
Thailand
Toskana
Tunesien
Türkei-Südküste
Türkei-Westküste
Umbrien
Ungarn
USA-Südstaaten
USA-Südwest
Usedom
Venedig
Venetien und Friaul
Wien
Zypern

Weitere Titel in Vorbereitung

Leserforum

Die Meinung unserer Leserinnen und Leser ist wichtig, daher freuen wir uns von Ihnen zu hören. Wenn Ihnen dieser Reiseführer gefallen hat, wenn Sie wichtige Hinweise zu den Inhalten haben – Ergänzungs- und Verbesserungsvorschläge, Tipps und Korrekturen – dann schreiben Sie uns:

Redaktion ADAC Reiseführer
ADAC Verlag GmbH
81365 München
verlag@adac.de

Impressum

Lektorat, Bildredaktion: Elisabeth Schnurrer
Aktualisierung: Renate Nöldeke
Karten: Astrid Fischer-Leitl, München
Reproduktion: PHG Lithos GmbH, Martinsried
Herstellung: Martina Baur
Druck, Bindung: Sellier Druck GmbH, Freising

Printed in Germany

ISBN 3-87003-944-2

Gedruckt auf chlorfrei gebleichtem Papier

Neu bearbeitete Auflage 2005